Collection Rolf Heyne

Klostergärten

MICK HALES

KLOSTERGÄRTEN

WILHELM HEYNE VERLAG
MÜNCHEN

Titel der Originalausgabe:
Monastic Gardens

Die Originalausgabe erschien 2000
bei Stewart, Tabori & Chang
A division of U.S. Media Holdings, Inc.
115 West 18th Street, New York, NY 10011

Übersetzung: Kirsten Sonntag
Redaktion: Renate Weinberger
Umschlaggestaltung: Hauptmann und Kampa
Werbeagentur, CH-Zug
Herstellung: Karlheinz Rau, München
Druck und Bindung: Butler & Tanner Ltd.

Printed in Great Britain

ISBN 3-453-17685-5

SEITE 1:
Purpurne Petunien in einem verzierten Pflanzgefäß im geometrisch angelegten Garten der Abbaye Saint-Martin, Liguge, Frankreich

VORHERGEHENDE DOPPELSEITE:
Sonnenaufgang über der Abbaye Saint-Martin, Liguge, Frankreich

SEITE 8:
Statue der Jungfrau Maria mit dem Kind in der südöstlichen Ecke des Kreuzgangs der Abbaye Notre-Dame, Le Bec Hellouin, Frankreich

Für meine Frau Christine,
die mir immer mit Rat und Tat
zur Seite stand, und für unsere Familie
Mark, Micah und August.

DANKSAGUNG

Mein besonderer Dank gilt Bruder William Brown, Holy Cross Monastery; Bruder Victor Antoine, Our Lady of the Resurrection; Schwester Penelope Mary, Community of the Holy Spirit; Bruder Anthony Hare, Burford Priory und Susan Taylor Moody, The Cloisters, Metropolitan Museum of Art.

Ein Dank an alle Äbtissinnen und Äbte, die mir erlaubten, ihre Gärten zu fotografieren, einige werden das erste Mal veröffentlicht. Mein Dank gilt auch den Nonnen und Mönchen, die ihre Erfahrungen und ihren Glauben mit mir teilten, insbesondere Dame Gertrud Brown, Stanbrook; Mutter Rosemary, Convent of the Incarnation; Schwester Mary John, Saint Mary's Abbey; Schwester Jane Mary, Burnham Abbey; Bruder Daniel Rees, Downside Abbey; Mutter Gillian, Tymawr Convent; Bruder Benedict, Holy Cross Abbey; Mutter Madeleine Mary, Saint Hilda's House; Bruder Jason, Little Portion Friary; Vater Guerric, Mepkin Abbey; Bruder Harold Thibodeau, Abbey of Gethsemani; Mutter Felicitas und Mutter Hildegard, Monastery of Our Lady of the Rock; Mutter Placid und Mutter Margret Georgina, Abbey of Regina Laudis; Bruder Christopher O'Brian, Saint Joseph's Abbey; Bruder Robert Halger, Mount Calvary Monastery; Schwester Yolande und Schwester Myriam, Abbaye de Notre-Dame des Gardes; Vater Michael Bozell, Abbaye Saint-Pierre; Schwester Sonia Duthoit, Abbaye Sainte-Scholastique; Vater Luc, Abbaye de Fleury; Vater Vincent Desprez, Abbaye Saint-Martin; Bruder Jean Marie, Abbaye Notre-Dame du Bec und Bruder Laurent, Abbaye d'En-Calcat. Vielen Dank auch an Esther De Waal.

INHALT

EIN-FÜHRUNG

Viele Menschen stellen sich Klöster als karge, schmucklose, ja Furcht einflößende Orte vor. Dieses Bild entspringt zum größten Teil mangelnder Kenntnis. Doch wie es entstand, lässt sich nachvollziehen. Schilder mit Aufschriften wie »Privat« oder »Kein Zutritt«, hohe Mauern und lange Auffahrten halten Besucher fern und geben nicht viel von dem Verborgenen preis – weder von den Schönheiten der Anlagen noch von den Bewohnern. Nur das Glockengeläut und die Bäume, die über die Mauern ragen, lassen erahnen, was sich da verbirgt. Und doch bleibt das Meiste der Fantasie des Draußenstehenden überlassen, denn die Botschaft scheint klar: Wer auch immer an diesem geheimnisvollen Ort lebt – er möchte ungestört bleiben.

Glücklicherweise weiß ich heute, wie falsch dieses Bild ist. Und doch: Wenn ich am Tor eines Klosters läute, erscheint mir die Wartezeit unendlich lang und alte Ängste kehren wieder. Darf ich es wirklich wagen, die Ruhe zu stören? Bin ich angemessen gekleidet? Lebt hier überhaupt jemand? Funktioniert die Türglocke? Doch schließlich öffnet sich das Tor und ich staune immer wieder über den freundlichen Empfang. Von den Mönchen und Nonnen geht reine, ungetrübte Freude, stilles Glück aus. Skeptiker mögen jetzt anführen, dass die Ordensleute sich verpflichtet fühlen, alle Menschen so zu begrüßen, als stünde Jesus persönlich vor ihrer Tür. Doch selbst in Klöstern, die sich großen Besuchermassen ausgesetzt sehen, strahlen die Mönche und Nonnen solch eine beneidenswerte innere Freude aus.

Mitglieder eines Ordens leben in einer abgeschlossenen Welt des Gebets, der religiösen Gemeinschaft, der Stabilität und der Besinnung. Diese Gemeinschaft wird von alten – vom Abt oder von der Äbtissin interpretierten – Regeln beherrscht. Nur sehr behutsam sucht sie sich ihren Weg durch die moderne Welt. Das Vorstellungs- und Wertesystem der Vergangenheit streng wahrend, schreitet die klösterliche Gemeinschaft mit ihrem Glauben voran. Wenn es ihr allerdings ratsam erscheint, nimmt sie auch Hilfsmittel des modernen Lebens an.

Von Anfang an – seit siebzehnhundert Jahren – bildet die enge, spirituelle Beziehung zum Garten und zum Gärtnern eine der Grundlagen des christlichen Klosterlebens. Eine englische Nonne erklärte mir dieses Phänomen folgendermaßen:

Wir streben in unserem Leben nach Demut, nach Humilitas, um ein noch engeres Band zu Gott zu knüpfen. Es ist kein Zufall, dass der Begriff Humus, Erde, von demselben Wort abstammt. Es ist die Grundlage allen Lebens. Gärtnern und Spiritualität sind für mich eng miteinander verbunden.

Der heilige Antonius (270–350), der als der erste christliche Mönch gilt, ließ seinen gesamten Besitz zurück, um in der Wüste Ägyptens ein Leben als Einsiedler und Gärtner zu führen. Sein Freund, der heilige Hilarius, dokumentierte, dass Antonius »Reben und kleine Bäume pflanzte, unter großen Mühen ein Wasserbecken schuf, um seinen Garten zu bewässern. Und mit dem Rechen brach er viele Jahre lang die Erde auf«.

Von dem heiligen Phokas, der den Beinamen »der Gärtner« trägt und der im 3. Jahrhundert n. Chr. lebte, wird berichtet, dass er an den Ufern des Schwarzen Meeres voller Leidenschaft einen Garten kultivierte. Eines Tages kamen zwei Fremde zu ihm – Soldaten, die den Auftrag hatten, ihn zu töten, weil er ein Christ war. Als er sich seiner Situation bewusst wurde, ging er hinaus in seinen Garten und hob ein Grab aus. Dann gab er sich den Soldaten zu erkennen. Die Soldaten enthaupteten ihn und legten ihn in das von ihm selbst vorbereitete Grab im Garten.

Im 7. Jahrhundert pflegte der heilige Fiakrius einen Garten in den

Wäldern nahe der französischen Stadt Meaux. Dieser Ort, der nicht eingezäunt war, strahlte solch eine Heiligkeit aus, dass ihn die wilden Tiere des Waldes nicht betraten und kein Pflänzlein daraus fraßen. Eine schützende Mauer der Spiritualität schien ihn zu umgeben.

Diese wenigen Beispiele früher christlicher Gärtner weisen bereits auf einige wichtige Charakteristika der Beziehung zwischen klösterlichem Leben und dem Gärtnern hin. Dieses Buch will verdeutlichen, in welcher Weise die klösterliche Gartenkultur symbolisch für das Leben selbst ist – das sich widerspiegelt im Einsetzen der Pflanzen, der schweren körperlichen Arbeit, im Werkzeug, im Urbarmachen, im Bestellen des Bodens, im Bewässern, im Garten als letzter Ruhestätte, in der Ehrfurcht vor den Pflanzen als Teil der göttlichen Schöpfung und nicht zuletzt in dem Leben und Gärtnern über viele Jahre am selben Ort.

Viele dieser Aspekte treffen sicher auch auf Gärten zu, die nicht von einer Religionsgemeinschaft gepflegt werden. Doch das Besondere und Einzigartige an den gezeigten Klostergärten ist die Tatsache, dass die Mönche und Nonnen selbst beim Gärtnern ihrer wichtigsten Lebensaufgabe nachgehen – dem Gebet. Im klösterlichen Leben ist das Gebet die primäre Beschäftigung, der man nicht nur während der zahlreichen Messen, sondern fortwährend, in jedem nur möglichen Augenblick des Tages nachkommt. Das Gebet stellt einen wirksamen, einen mächtigen Weg dar, die Gedanken zu bündeln und in jedem und allem Gott zu erkennen. Der Mönch, dessen Leben sich in den Rhythmen der Liturgie und der jahreszeitlichen Zyklen vollzieht, der seinen Geist auf spirituelle Gedanken konzentriert und der seinen Körper zum Gärtnern einsetzt, verfügt über das gesamte Handwerkszeug, das man braucht, um sich den großen Fragen des Lebens zu stellen. In der Bibel finden sich zahlreiche Texte, die den spirituellen Weg mit gärtnerischen Beispielen veranschaulichen. Wir können davon ausgehen, dass die Verbindung von Geist und aktivem Umgang mit der Erde durchaus beabsichtigt ist.

Fortschreitende Automatisierung und Technologisierung steigern beständig unser Lebenstempo – kein Wunder, dass wir uns immer weiter von der Erde entfernen. Ich glaube, wir berauben uns selbst vieler uns zugedachter Gaben und Freuden, wenn wir weder die Zeit finden noch den Wunsch verspüren, mit Erde zu arbeiten. So wie die Klöster im frühen Mittelalter ein Hort des Wissens waren, können sie uns heute, im angehenden 21. Jahrhundert, vermitteln, was das Gärtnern für unser körperliches und geistiges Wohlbefinden bedeutet und welche Verantwortung wir für die Erde haben.

Was ist ein Klostergarten? In der Regel besteht der Garten hinter den Klostermauern aus verschiedenen Bereichen. Ein Teil des Klostergartens muss alle leiblichen Bedürfnisse der Ordensmitglieder erfüllen. Dazu sagte Bruder Vincent aus dem französischen Liguge:

Es ist eine Gnade. Es ist eine Gnade Gottes, dass wir unseren Garten haben. Hier gibt es keine Hauptstraße mit Geschäften, in denen wir einkaufen könnten. Unser Garten muss für all unsere Bedürfnisse sorgen.

Betrachtet man die unterschiedlichen Gärten und die Rollen, die sie spielen, genauer, stößt man auf eine komplexe Geschichte. Im Herzen der Klosteranlage befindet sich meist der Kreuzgang, daran grenzt der Blumengarten, der den Blumenschmuck für die Kirche liefert. Es folgt der Kräutergarten, dessen Produkte zur Gesundheit der Ordensleute beitragen, sowie ein Obst- und ein Gemüsegarten, deren Erzeugnisse in der Küche verarbeitet werden. Und dann gibt es noch den Friedhof, auf dem die Nonnen und Mönche ihre letzte Ruhe finden.

Gärten sind Lebensräume – auf einen Blick erkennt man, welches Maß an Pflege und Aufmerksamkeit sie erhalten. Nicht alle Mitglieder der klösterlichen Gemeinschaft sind direkt als Gärtner für den Garten verantwortlich, doch alle nutzen und schätzen ihn. Die Jungen führen die Alten und Kranken regelmäßig in den Garten. Alle Mönche und Nonnen, die uns so vertrauensvoll die Pforten ihres Klosters geöffnet haben, um meiner Frau Christine und mir zu vermitteln, was ihre Gärten für sie bedeuten, sprühten vor Lebens- und Schaffenskraft. Für ihre Großzügigkeit bin ich ihnen überaus dankbar und kann nur hoffen, dass den Lesern dieses Buches etwas von ihrem Glück, ihrer Zufriedenheit und wenigstens ein kleiner Teil ihres stillen Wissens zuteil wird.

1 DER KREUZ-GANG

DER KREUZGANG UND SEIN GARTEN, DER KLOSTERGARTEN IM ENGEREN SINN, WEISEN EBENSO VIELE PRAKTISCHE WIE SYMBOLISCHE KOMPONENTEN AUF. SCHLICHTHEIT UND EINFACHHEIT DER ANLAGE TÄUSCHEN NUR ALLZU LEICHT ÜBER DIE MACHT DIESES ORTES HINWEG. DIE RÖMER PLATZIERTEN DAS WOHNHAUS, DIE NEBENGEBÄUDE UND STALLUNGEN SO, DASS EIN ZENTRALER INNENHOF ENTSTAND. AUF DIESE WEISE SCHUFEN SIE EINEN ORT, AN DEM MENSCH UND TIER SCHUTZ VOR DEN ELEMENTEN FANDEN, EIN SO GENANNTES CLAUSTRUM. UND IN DER TAT LIEGT DIE WURZEL DES BEGRIFFES KLOSTER IN DEM LATEINISCHEN WORT CLAUSTRUM, DAS RIEGEL, VERSCHLUSS, MAUER UND BOLLWERK BEDEUTET. SPÄTER WURDE DAMIT DER ABGESPERRTE ODER »ABGESCHIRMTE« ORT, AN DEM NONNEN UND MÖNCHE WOHNEN, BEZEICHNET.

VORHERGEHENDE DOPPELSEITE:
Sonnenlicht durchflutet den Kreuzgang der Abbaye Saint-Martin, Liguge, Frankreich.

RECHTE SEITE:
Traditioneller Heckenschnitt im Lilienmuster in einem der beiden Kreuzgang-Innenhöfe in der Abbaye Saint-Pierre, Solesmes, Frankreich

DAS **HERZSTÜCK** DES KLOSTERS BILDET

WANDELGANG,

Das Herzstück des Klosters bildet der Kreuzgang, ein überdachter Wandelgang, der um den Innenhof verläuft. Seine Außenseite wird von den umgebenden Gebäuden begrenzt, während an der Innenseite Säulen seine meist gewölbte Decke tragen, sodass er sich zum Garten hin öffnet. Diese Konstruktion bietet Schutz vor Wind und Wetter und ermöglicht doch die Nähe zum Garten – zur frischen Luft, zu grünem Gras und zum Lauf der Sonne. Der im Herzen der Klosteranlage gelegene Kreuzgang vermittelt ein Gefühl von Schutz und Abgeschirmtheit und dient zugleich als Verbindung zwischen Kapelle, Refektorium, Dormitorium und Bibliothek – also zwischen allen wichtigen Bereichen des Klosters. Sicher existieren innerhalb des Klosters noch andere Wege, doch verfügt dieser über besondere Vorzüge.

Tritt man aus dem dunklen Innern der Gebäude hinaus in den Kreuzgang, verbirgt sich der Garten zum Teil noch hinter den Pfeilern der Rundbögen. Schreitet man auf der Suche nach einer besseren Sicht voran, muss man schnell erkennen, dass an jedem Punkt, von dem man einen Blick auf den gesamten Garten erwartet, eine weitere Säule im Weg steht. Um den Garten in seiner Gesamtheit betrachten zu können, bleibt einem nichts anderes übrig, als den Kreuzgang zu verlassen und hinaus ins Freie zu treten. Doch dieser Schritt ist wie das Überqueren einer unsichtbaren Grenze. Eine imaginäre Barriere scheint das üppige Grün zu schützen – als wollte uns irgendetwas vom Betreten des Gartens abhalten. Obwohl weder ein Mensch noch ein Verbot den Besucher daran hindern, in den Garten zu gehen, steigt in ihm das

GANZ OBEN:
Mutter Placid im Garten der Abbey of Regina Laudis, Connecticut, USA

OBEN:
Kreuzgang der Abbaye de Notre-Dame, Le Bec Hellouin, Frankreich

LINKS:
Kreuzgang der Abbaye Saint-Pierre, Solesmes, Frankreich

DER KREUZGANG, EIN ÜBERDACHTER GANG, DER UM DEN INNENHOF VERLÄUFT...

GANZ OBEN:
Kreuzgang der Abbaye von En Calcat, Dourgne, Frankreich

RECHTS:
Kreuzgang der Abbaye Saint-Martin, Liguge, Frankreich

Gefühl auf, er würde damit ein ungeschriebenes Gesetz übertreten. Steht man schließlich in der Mitte des Gartens, bricht der Bann. Der räumliche Zauber erlischt, wenn die optische Spannung zwischen den Bögen des Kreuzganges und dem Garten nicht mehr besteht. Die Mönche sind sich dieses Phänomens bewusst. Ein Bruder aus der französischen Abbaye d'En-Calcat erzählte uns, was er beobachtet hat: Die Mönche wandeln gern und ausgiebig im Kreuzgang umher und erfreuen sich von hier aus am Anblick des Gartens. Doch nur jene Brüder, die für die Pflanzen verantwortlich sind, verlassen den Kreuzgang und betreten den Garten.

Steht man in der Mitte des Gartens, fühlt man sich mitunter wie ein Goldfisch im Glas. Der Garten der englischen Stanbrook Abbey ist beispielsweise an drei Seiten von hohen viktorianischen Ziegelgebäuden mit zahlreichen Fenstern im gotischen Stil umgeben. Verlässt man den Kreuzgang, um den Garten zu erforschen, gibt man zugleich auch das Gefühl des Schutzes auf.

Ein Gang durch den Kreuzgang ähnelt der Erforschung eines Labyrinths oder eines mittelalterlichen Lustgartens. Kaum glaubt man sich am Ziel, taucht der nächste Anziehungspunkt auf. Diese Erfahrung des »Immer-weiter-gezogen-werdens« kann in uns die Frage nach dem Kern des Lebens hervorrufen, das heißt danach, das Leben als fortwährende Suche nach dem Sinn zu betrachten und nicht zu hoffen, der Sinn möge sich in einem bestimmten, außergewöhnlichen Augenblick ohne unser Dazutun offenbaren.

Das Gefühl der Kontinuität wird durch die Reinheit und Schlichtheit der für einen Klostergarten typischen Pflanzen verstärkt. Grün ist die vorherrschende Farbe – Gras, schlichter Buchs, andere Gehölze und Immergrüngewächse. Die Gestaltung des Gartens ist formal gehalten. Ein Zierelement bildet das Zentrum der Fläche, die in vier Abschnitte unterteilt ist. Wo immer möglich ist Wasser in die Gestaltung einbezogen, meist in Form eines Beckens oder eines Springbrunnens. Ein Blick ins Alte Testament, in die Genesis (Das Erste Buch Mose) erinnert uns an die Beziehung zwischen Gott und Garten sowie an die Symbolik des Wassers im Garten Eden:

Dann legte Gott im Osten, in der Landschaft Eden, einen Garten an. Er ließ aus der Erde alle Arten von Bäumen wachsen. Es waren prächtige Bäume, und ihre Früchte schmeckten gut. Dorthin brachte Gott den Menschen, den er gemacht hatte. In der Mitte des Gartens wuchsen zwei besondere Bäume: ein Baum, dessen Früchte unvergängliches Leben schenken, und ein Baum, dessen Früchte Wissen geben. In Eden entspringt ein Strom. Er bewässert den Garten und teilt sich dann in vier Ströme. (Genesis 2,8–10)

Diese Textstelle erklärt auch die Symbolik der Vierteilung des Gartens durch Ziegel-, Kopfstein- oder Kieswege, die als trennende Elemente eingesetzt werden. Darüber hinaus wird die Bedeutung der Bäume deutlich: Sie repräsentieren den Baum des Lebens und den der Erkenntnis.

Der christliche Glaube betrachtet Gott als Licht in der Dunkelheit. Der Klostergarten, der sich zum Himmel hin öffnet, soll die Mönche daran erinnern, denn allein durch ihn gelangt Sonnenlicht in das Zentrum des Klosters. Viele Mönche und Nonnen genießen die Minuten der Dämmerung und nutzen die letzten Sonnenstrahlen zum Lesen, bevor es Zeit für die Abendmesse ist. Neuere wissenschaftliche Studien unterstreichen die Bedeutung des Sonnenlichts für unsere Gesundheit und unser emotionales Wohlbefinden. So kam man einer Form der Depression, die sich Sensory Affect Disorder nennt, auf die Spur. Verursacht wird sie durch einen Mangel an Tageslicht und sie tritt in den lichtarmen Wintermonaten auf. Bereits vor mehr als hundert Jahren wusste Florence Nightingale um die besondere Bedeutung des Sonnenlichts für die Genesung Kranker:

LINKE SEITE:
Der zentrale Teich im Innenhof des Kreuzganges von Stanbrook Abbey, Worcester, England

LINKS:
Rosen umsäumen den neu angelegten Garten im Innenhof des Kreuzganges der Abbaye de Fleury, Saint-Benoît-sur-Loire, Frankreich, die aus dem 7. Jahrhundert stammt.

UNTEN:
Terrakotta-Wandbild von Maria mit dem Jesuskind im Convent of the Incarnation, Fairacres, Oxfordshire, England. Das Bild ist umgeben von weißen Blumen, Bäumen und Früchten.

Als Zweitwichtigstes nach frischer Luft betrachte ich für den Kranken das Licht. Nicht nur Tageslicht, sondern direktes Sonnenlicht ist für die schnelle Genesung unbedingt notwendig … Aus Erfahrung kann ich sagen, dass ein Rekonvaleszent anstatt tote Mauern anzustarren aus dem Fenster schauen muss, bunte Blumen sehen soll, bei ausreichendem Tageslicht in der Nähe eines Fensters lesen soll. Allgemein sagt man, Licht wirke auf das Gemüt. Das mag sein, doch wirkt es in nicht geringerem Maße auch auf den Körper.

Ebenso wie Tageslicht kann der – wenn auch nur flüchtige – Anblick der Farbe Grün eine gemütsaufhellende Wirkung haben. Schon lange weiß man, dass grünes Gras innerhalb der Klostermauern eine einzigartige Kraft, einen ganz besonderen Liebreiz und eine unbewusste Anziehungskraft entfaltet. Bereits im 12. Jahrhundert gab die heilige Hildegard von Bingen dem lateinischen Wort *viriditas* (Grün, grüne Farbe) eine neue Bedeutung. Mit diesem Begriff beschrieb sie die beruhigende und heilende Kraft, die sie in der Farbe Grün

RECHTS:
In Stein gehauene Pietà am Rand eines Weges im Garten von Saint Mary's Abbey, West Malling, Kent, England.

UNTEN:
Der Innenhof des Kreuzganges steht im Mittelpunkt der Abbaye Saint-Pierre, Solesmes, Frankreich; ein Korridor verbindet ihn mit dem geometrisch angelegten französischen Garten.

erkannt hatte. Sie sprach von der »grünenden Kraft« und verglich ihre verjüngende spirituelle Wirkung mit der Kraft der Kreativität. Für sie stand fest, dass »grünende Liebe« alles beschleunigt und Menschen, die diesen Tau atmen, mit der Leidenschaft himmlischen Sehnens reiche Früchte schaffen.

Und tatsächlich wirkt das Grün inmitten des Kreuzganges wie eine Oase in der Wüste. Der Garten ist ein Ort, an dem man rastet und neue Kraft schöpft, ein Ort der Reinheit, der Menschen magisch anzieht. Selbst wenn die Zeit nur reicht, um rasch daran vorbeizueilen, so spendet der Anblick des Grüns neue Kraft.

Lichte Räume hellen das Gemüt auf und besitzen noch weitere Vorzüge. Einer davon ist die zeitliche Orientierung, also Pünktlichkeit. Außenstehende mögen erstaunt sein, doch das tägliche Leben im Kloster verläuft in strengen zeitlichen Bahnen, die von den Messen, den Essenszeiten und vielen anderen Verpflichtungen vorgegeben werden. Unpünktlichkeit ist ein

Regelverstoß, der ernst genug genommen wird, um im Regelwerk des Benediktinerordens ein eigenes Kapitel zu erhalten. Im Kapitel »Die Bußen für Unpünktlichkeit« kann man lesen:

Hört man das Zeichen zum Gottesdienst, lege man sofort alles aus der Hand und komme in größter Eile herbei, allerdings mit Ernst, um nicht Anlass zu Albernheiten zu geben. Dem Gottesdienst soll nichts vorgezogen werden. (43, 1–3)

Auch von Klosterbesuchern wird erwartet, dass sie Verabredungen und Verpflichtungen auf die Minute pünktlich nachkommen. Der Klostergarten spielt in diesem Zusammenhang eine wichtige Rolle. Wie die Zeiger einer riesigen Sonnenuhr verraten die Schatten der Säulen dem Vorbeieilenden mit erstaunlicher Genauigkeit die Uhrzeit.

Pünktlichkeit stützt den Rhythmus des klösterlichen Tagesablaufs und trägt so zu der Stabilität der gesamten Gemeinschaft bei. Und Stabilität ist einer der prinzipiellen Unterschiede zwischen der klösterlichen und der weltlichen, der säkularen Gemeinschaft. Während die Mitglieder der weltlichen Gemeinschaft heute ein hohes Maß an Mobilität benötigen, um ihren Berufen nachzugehen, Ausbildungen zu absolvieren, Familienan-

LINKE SEITE:
Der formal angelegte, zweite Innenhof der Abbaye Saint-Pierre, Solesmes, Frankreich, mit einem Brunnen im Mittelpunkt. Vier Wege teilen den Garten, der von Zypressen umgeben ist.

RECHTS:
Die Hügel von Santa Barbara, Kalifornien, USA, bilden die Kulisse für den Staudengarten im Mount Calvary Monastery.

gehörige zu besuchen oder einfach zu verreisen, verweilen die Ordensleute stets am selben Ort, innerhalb ihrer angestammten Gemeinschaft. Dieses hohe Maß an Beständigkeit bedeutet für die klösterliche Gemeinschaft eine ganz besondere Art von Sicherheit und sorgt für eine Umgebung, in der spirituelles Leben gedeihen kann.

Dem Kreuzgang kommt eine weitere besondere Funktion zu: Hier finden die Prozessionen statt. Nur wenigen Außenstehenden kommt die Ehre zu, diesen vermutlich aus dem Mittelalter stammenden Umzügen beizuwohnen. An bestimmten Feiertagen ziehen die Nonnen und Mönche – zu besonderen Anlässen auch beide Gruppen gemeinsam – jeweils zu zweit in einer langen Reihe singend durch das Kloster zur Kapelle. Der Anblick ist faszinierend. Mit wogenden Gewändern umrunden die Ordensleute gemessenen Schrittes den Klostergarten. Beim Betreten der Kapelle verstummen ihre Stimmen allmählich, bis schließlich wieder die gewohnte klösterliche Stille herrscht.

Ein allen Klöstern gemeinsames Element ist die Marienstatue in der südöstlichen Ecke des Kreuzganges. Je nach Architektur des Klosters variiert der Stil dieser Statue vom modernen Abstrakten bis hin zu klassischem Marmor. Immer jedoch hält die heilige Jungfrau Maria das Jesuskind in den

OBEN:
Der Innenhof des Kreuzganges in der Abbaye de Mont-Saint-Michel, Frankreich, geht auf das 13. Jahrhundert zurück.

Armen und immer zieren Schnittblumen oder Topfpflanzen den Fuß der Statue. Die an Marienfeiertagen wie beispielsweise Mariä Himmelfahrt stattfindenden Prozessionen enden stets vor dieser Statue.

Es versteht sich von selbst, dass die Elemente des Klostergartens in zahlreichen Variationen auftreten. In manchen Klöstern findet man farbenprächtige Rabatten, beispielsweise mit Rosen oder Hortensien. Andere Klöster besitzen mehrere Gärten. Die Abbaye Saint-Pierre im französischen Solesmes beispielsweise verfügt über zwei Gärten. Der mit Buchs im formalen französischen Stil gestaltete Bereich sollte von oben betrachtet werden, denn er ist in Form einer Lilie, der französischen Fleur-de-Lis, angelegt. Dieses Symbol erinnert daran, wie fest das Kloster in der französischen Kultur verankert und Teil der örtlichen Gemeinschaft, also keineswegs isoliert ist. Im zweiten Garten umgeben vier Wacholdersträucher einen kleinen Teich in der Mitte. Wie es bei Klöstern oft der Fall ist, sind die verschiedenen Gebäude von Solesmes in unterschiedlichen architektonischen Stilrichtungen gehalten, die die jeweiligen Entstehungszeitpunkte widerspiegeln. Es liegt in der Natur der Sache, dass sich diese Vielfalt auch auf die Gärten auswirkt, die ja zu einem großen Teil von den umgebenden Gebäuden bestimmt

werden. So ist beispielsweise die Architektur von Solesmes stark von modernen Interpretationen der Alhambra beeinflusst. Ganz anders der Garten der Saint Mary's Abbey im englischen West Malling. Hier findet man einfach gehaltene Kiesornamente und einen zentralen Springbrunnen – eine schlichte und doch erstaunlich ausdrucksstarke Anlage mit beinahe japanischer Atmosphäre. Die Baustile reichen von dem aus dem Jahr 1220 stammenden Kreuzgang bis hin zu der 1966 erbauten neuen Kapelle.

In der ganz besonders freundlichen Abtei Notre-Dame des Gardes im französischen St-Georges des Gardes haben sich die Nonnen gegen den formalen Stil entschieden und einen Garten geschaffen, in dem zwanglos gruppierte Sträucher und einfache Kieswege vorherrschen und in dessen Mitte eine weiße Jesus-Statue steht. Auf einer Seite befindet sich ein schlichter, überdachter Wandelgang mit einfachen Baumstümpfen als Sitzgelegenheiten. Die restlichen drei Seiten sind verglast. Dieser Garten besticht durch seine Schlichtheit und Ruhe – die einzigen »Turbulenzen« kommen von den Vögeln, die auf ihren Wegen von und zu ihren Nestern hoch oben auf der Kirchturmspitze den Garten durchqueren.

Nur an drei Seiten umschlossene Klostergärten resultieren häufig aus Bauplänen, die nicht vollends in die Tat umgesetzt wurden. Dies ist beispielsweise bei der englischen Downside Abbey, bei der Abbaye Fleury im französischen Saint-Benoît-sur-Loire und dem zweiten Klostergarten von Solesmes der Fall. Doch ob vollendet oder nicht, ein Klostergarten ist immer ein ganz eigener und wunderbarer Ort der Besinnung. Vollkommen gleich, ob man sich auf dem Land befindet, wo Vögel im Garten nach Würmern suchen oder nur ihr Lied singen, oder in einer Großstadt wie Rom, wo der Garten ein Ort der Stille und Besinnung inmitten des brodelnden Stadtlebens darstellt, Klostergärten sind Oasen der Sicherheit, der Schlichtheit und der Reinheit. Auf dem Weg von einer Verpflichtung zur nächsten können sich die Angehörigen der klösterlichen Gemeinschaft an dieser Oase erfreuen oder nur die Ruhe genießen und den Lauf der Sonne verfolgen.

LINKE SEITE:
Ein stiller Winkel in der Burford Priory, Oxon, England

2

DER BLUMEN-GARTEN DES MESNERS

DER GARTEN DES MESNERS, DES KIRCHENDIENERS, DER DEN BLUMENSCHMUCK FÜR DEN ALTAR DER KAPELLE LIEFERT, BEFINDET SICH IN DER REGEL IN EINEM UNATTRAKTIVEN RANDBEREICH. MANCHE KLÖSTER VERZICHTEN GANZ AUF EINEN BLUMENGARTEN WIE BEISPIELSWEISE DAS TYMAWR CONVENT IN WALES. HIER SCHNEIDET DER MESNER WILDBLUMEN VON WIESEN ODER VON DEN RABATTEN IM GARTEN DES GÄSTEHAUSES. MEIST JEDOCH IST DAS SCHNITTBLUMENBEET IN EINEM ENTLEGENEN WINKEL DES GARTENS VERSTECKT.

VORHERGEHENDE DOPPELSEITE:
Ein Mönch schneidet Blumen im Schnittblumengarten des Sakristans in der Abbaye de Notre-Dame, Le Bec Hellouin, Frankreich.

RECHTE SEITE:
Schlichte Dahlien schmücken den Altar der Kapelle der Abbaye Sainte-Cécile, Solesmes, Frankreich.

EINE **BLUME** ZU SCHNEIDEN

KIRCHE ZU VERWENDEN, GIBT IHR

Eine Blume zu schneiden und sie als Schmuck der Kirche zu verwenden, gibt ihr eine ganz neue Bedeutung. Ein Besucher des Zisterzienserklosters im französischen St-Georges des Gardes lernte dies nach der Einkehr in einer kleinen Schutzhütte zu schätzen. Mitten im Wald stand die Hütte, so schlicht und bescheiden, dass sie sich kaum von dem umgebenden Gehölz abhob. Sie hatte eine einfache Tür, ein einziges Fenster, weiß getünchte Wände und ein löchriges Dach, durch das Licht einfiel. An Mobiliar gab es nur das Notwendigste. An der Wand hing ein Kruzifix. Die Gebetsbank nahm die Hälfte des Raumes ein und vor dem Fenster standen ein kleiner Tisch und ein Stuhl. Kein Teppich zierte die schlichten beigefarbenen Fliesen, doch auf das Regalbrett unter dem Kruzifix hatte jemand eine Blüte einer Erdartischocke gestellt.

Die Blüte zeigte, wie liebevoll man sich um dieses Gebäude kümmerte – trotz seiner Einfachheit, trotz seiner entlegenen Lage. Das Gelb der Blüte ließ den ganzen Raum erstrahlen und erfreute jeden, der ihn betrat. Bei näherem Betrachten erkannte man den individuellen Charakter dieser besonderen Blüte – etwas, das auch Künstlern wie Georgia O'Keefe, Robert Mapplethorpe, Bruce Rae oder Christine Simoneau nicht verborgen blieb. Diese Blüte wich in Einzelheiten von dem typischen Erscheinungsbild der Art ab. Mit ihren verformten Blütenblättern und ihrer nicht perfekt ausgeprägten Farbe hätte kein Florist diese Blüte im Schaufenster ausgestellt. In der Rabatte wäre sie indes keinem Menschen besonders aufgefallen – nichts weiter als eine gewöhnliche Blüte unter Tausenden. Doch an diesem Ort der Ruhe hatte sie

GANZ OBEN:
Kerzen strahlen in warmem Licht im Monastery of Our Lady of the Resurrection, New York.

OBEN:
Rosen empfangen den Besucher im Gästehaus der Abbaye de Notre-Dame des Gardes, Frankreich.

LINKS:
Ein einfaches Gesteck schmückt die Statue von Maria mit dem Kind in der Abbaye de Notre-Dame des Gardes, St-Georges des Gardes, Frankreich.

IND SIE ALS **SCHMUCK** DER

EINE GANZ NEUE **BEDEUTUNG**.

GANZ OBEN:
Ein Kreuz im Gästehaus der Abbaye de Notre-Dame des Gardes, Frankreich

OBEN:
Narzissen und Hartriegel bringen Frühlingsstimmung in die Kapelle im Monastery of Our Lady of the Resurrection, New York.

RECHTS:
Eine einzelne Calla im Monastery of Our Lady of the Rock, Washington

ihren Platz gefunden. Hier war sie mehr als nur eine Blume – sie war ein Symbol, das sowohl das Auge als auch den Geist rasten ließ.

Die Nonnen von St-Georges des Gardes haben einen besonderen Sinn für Blumenschmuck. Neben der Kapelle schmücken sie den Besuchereingang, das Refektorium und die Gästezimmer mit schlichten Arrangements aus zwei bis drei Blüten. Auf diese Weise entsteht eine Atmosphäre der Ruhe, die so durchdringend wie der Duft eines exquisiten Parfüms ist. Das Blumengeschenk an ein spirituelles Wesen ist in vielen Gesellschaften und Religionen verankert, vom alten Ägypten über das antike Griechenland bis in unsere Gegenwart. In den katholischen Ländern des Westens schmücken die Gläubigen oft Schreine ihrer Lieblingsheiligen mit Blumen. Stehen frische Blumen nicht zur Verfügung, übernehmen Kunststoffblumen die Aufgabe. Auch in anderen Religionen übt man diese symbolische Handlung aus. In Bali beispielsweise schmückt man die kleinen Schreine, die an vielen Straßenkreuzungen und in Hauseingängen zu finden sind, täglich mit frischen Blumen und kleinen Opfergaben in Form von Speisen.

Traditionell dienten Blumen als Symbole für religiöse Inhalte, damit auch einfache Menschen sie schnell erfassen und verstehen konnten. Im Christentum beschreibt die Bibel drei Aspekte des christlichen Glaubens, die in Blumen versinnbildlicht sind: erstens die Erneuerung des Lebens beziehungsweise die Vergebung unserer Sünden, zweitens die Schlichtheit und Reinheit der Schöpfung und drittens die Vergänglichkeit unseres irdischen Lebens.

Der erste dieser drei Aspekte wird von den Blumen des Frühlings verkörpert, die für Wiedergeburt und Vergebung stehen. Im Hohelied Salomos heißt es:

Der Winter ist vorbei mit seinem Regen. Es grünt und blüht, soweit das Auge reicht. Im ganzen Land hört man die Vögel singen; nun ist die Zeit der Lieder wieder da! (Hohelied 2, 11–12)

Ebenfalls im Hohelied Salomos finden sich die Symbole der Reinheit, der Schönheit und des Liebreizes:

Eine Frühlingsblume bin ich, wie sie in den Wiesen wachsen, eine Lilie aus den Tälern.

Eine Lilie unter Disteln – so erscheint mir meine Freundin unter allen anderen Mädchen. (Hohelied 2, 1–2)

Die »Lilie unter Disteln« wird als die Reine unter Unreinen interpretiert, wobei mit der Freundin, die Jesus wie eine Lilie erscheint, seine Kirche gemeint ist. (Das Hohelied wurde im Lauf der Jahrhunderte sehr unterschiedlich interpretiert.) In manchen Bibelübersetzungen heißt die oben angeführte erste Zeile: »Ich bin eine Blume auf den Wiesen des Scharon ...« Damit sind weder HYPERICUM CALYCINUM oder HIBISCUS SYRIACUS gemeint, sondern wohl eher die Narzissen und Tulpen, die in den Ebenen des Scharon in Hülle und Fülle blühen. Die »Lilie der Täler« ist vermutlich eine der blauen Hyazinthen, die in dieser Region ebenfalls reichlich wachsen.

Der dritte Aspekt – die Vergänglichkeit des irdischen Lebens – wird in der Bibel beispielsweise so versinnbildlicht:

... »Alle Menschen sind vergänglich wie das Gras. Auch wenn sie noch so gerecht und treu sind, es ergeht ihnen nicht anders als den Blumen auf der Wiese. Das Gras verdorrt, die Blumen verwelken, wenn der Herr seinen glühenden Atem darüber wehen lässt. Ja, wie das Gras ist das Volk!« Da sagte die Stimme: »Das Gras verdorrt, die Blumen verwelken; aber das Wort unseres Gottes bleibt für immer in Kraft.« (Jesaja 40, 6–8)

Natürlich spielen symbolische Bedeutungen bei der Auswahl der Schnittblumen für den Altar eine Rolle, doch der entscheidende Faktor ist sicherlich, welche Blumen im entsprechen-

LINKE SEITE:
Eine Topinamburblüte schmückt den kleinen Gebetsraum, der im Wald nahe bei der Abbaye de Notre-Dame des Gardes, St-Georges des Gardes, Frankreich, errichtet wurde.

LINKS:
Der Schnittblumengarten des Monastery of Our Lady of the Resurrection, New York

den Augenblick gerade blühen. Wenn jahreszeitlich bedingt eine große Auswahl zur Verfügung steht, werden jene Blüten bevorzugt, deren Farben am besten mit dem Priestergewand harmonieren. An Pfingsten wird die Kirche mit roten Pfingstrosen geschmückt. Sie sollen die Feuerzungen repräsentieren, die an jenem Tag auf die Apostel niedergingen. Außerdem symbolisiert Rot das Blut Christi sowie das Blut der Märtyrer an ihren jeweiligen Festtagen. Während der Advents- und der Fastenzeit schmückt man die Kirche nicht mit Blumen. Ausnahmen sind der dritte Adventssonntag und der vierte Sonntag der Fastenzeit, wenn zum Zeichen der Buße und des Wachens violette Blüten Verwendung finden. Grün, die Farbe der Natur und daher das Symbol der Gnade Gottes, trifft man am Sonntag Trinitatis an, während Schwarz dem Karfreitag und den Totenmessen vorbehalten ist. Die wichtigste Farbe überhaupt ist Weiß – Weiß symbolisiert die Freude und die makellose Reinheit Jesu. Weiß ist die Farbe von Weihnachten, Ostern und des Dreikönigsfestes.

RECHTS:
Das runde steinerne Kapitelhaus der Abbey of Regina Laudis, Connecticut, USA, steht hinter einem Garten mit Schnittblumen.

Weiß bringt man mit den Engeln und den Gewändern der Heiligen in Verbindung. Weiß ist die Farbe von Hochzeiten, Konfirmationen und die der Heiligen Jungfrau Maria.

Während des Mittelalters spielte die Blütensymbolik eine besonders große Rolle. Zu dieser Zeit brachte man viele Pflanzen auf unterschiedliche Weise mit der Person Mariä oder mit ihrem Leben in Verbindung. Die überaus zahlreichen Parallelen zeugen von der Beliebtheit der Heiligen Jungfrau, die auch in vielen Pflanzennamen Niederschlag findet. Viele der Pflanzennamen, in denen der Begriff »Frau« auftaucht, sind in Anlehnung an die Heilige Jungfrau Maria entstanden, so zum Beispiel der Frauenmantel *(Alchemilla)* oder der Frauenschuh *(Cypripedium),* nicht zu vergessen die Madonnenlilie *(Lilium candidum).* Viel häufiger noch findet man Pflanzennamen, in denen der Name Mariä direkt genannt wird, zum Beispiel das Marienkraut *(Teucrium polium)* und das Mariengras *(Hierochloe),* das Marienblatt *(Tanacetum balsamita),* die Marien-

distel *(Silybum marianum)* und der Marienfrauenschuh *(Cypripedium calceolus)*. Diese Symbolik ist sehr alt. Frühe Gemälde zeigen beispielsweise den heiligen Fiakrius in seinem Waldgarten in der Nähe einer mit Blumen geschmückten Marienkapelle.

Das Kapitel über den Blumengarten wäre nicht vollständig, würde man die Symbolik der allgemein bekannten Passionsblume *(Passiflora)* nicht erwähnen. Im Jahr 1610 schrieb Emanuel de Villegas, ein mexikanischer Augustinermönch, jedem Teil dieser Blume einen symbolischen Bezug zu den Leiden und dem Tod Christi zu. So versinnbildlichen die spitz zulaufenden Blätter die Speere, die sich in die Lenden des Gekreuzigten bohrten. Die fünffach geteilten Blätter werden als Symbol für die Wunden Jesu verstanden. Die ungewöhnlichen Rankorgane der Passionsblume erinnern an die Fesseln um seine Hände und der aus der Blüte aufragende Stempel an das Kreuz. Die zehn Blütenblätter stehen für die zehn Apostel, die treu zu ihrem Herrn hielten (im Gegensatz zu Petrus, der ihn dreimal verleugnete, und Judas Ischariot, der ihn für dreißig Silberlinge verriet). Die drei purpurnen Narben der Blüte symbolisieren die blutigen Nägel, die fünf Staubgefäße die Hämmer, mit denen Jesus ans Kreuz geschlagen wurde. Der den Stempel umgebende dunkle Kreis steht für die Dornenkrone, während der feine Strahlenkranz an den Glanz Gottes erinnert. Der ungewöhnliche, intensive Duft der Blüte schließlich erinnert an das kostbare, stark duftende Nardenöl, mit dem Jesus vor seiner Kreuzigung in Betanien gesalbt wurde (Johannes 12, 3).

LINKE SEITE:
Geranien, Pfingstrosen, Rosen, Iris und Stiefmütterchen wachsen im Garten der Burnham Abbey, Berkshire, England.

OBEN:
Eine Rabatte in voller Blüte in der Burford Priory, Oxon, England

3

DER KRÄUTERGARTEN

DIE HEILKRÄUTERKUNDE WAR FRÜHER EIN WICHTIGER BESTANDTEIL DES KLÖSTERLICHEN LEBENS. HEUTE SPIELT SIE SOWOHL FÜR MÖNCHE UND NONNEN ALS AUCH FÜR DIE KLOSTERGEMEINSCHAFT EINE WEITAUS GERINGERE ROLLE. IN VIELEN KLÖSTERN FINDET MAN GAR KEINEN HEILKRÄUTERGARTEN MEHR. DIE WUNDERVOLLEN BÜCHER VON ELLIS PETERS ÜBER DEN BRUDER CADFAEL, DER MIT SEINEM KRÄUTERWISSEN LEBEN RETTETE UND GAR MORDE AUFKLÄRTE, GEHÖREN DER VERGANGENHEIT AN. IN VIELEN KLÖSTERN IST MAN ZUR MODERNEN MEDIZIN ÜBERGEGANGEN UND MAN HAT DIE ARBEITSINTENSIVE NATURHEILKUNDE DURCH DIE SCHNELL WIRKENDE PHARMAKOLOGISCHE BEHANDLUNG ERSETZT. INZWISCHEN FÖRDERN ALLERDINGS MANCHE KLÖSTER ALTES NATURHEILKUNDLICHES WISSEN ZUTAGE UND VERMITTELN ES.

VORHERGEHENDE DOPPELSEITE:
Im Mittelpunkt des eingezäunten Gartens von Burnham Abbey, Berkshire, England, stehen verschiedene Kräuter, Rosen und ein am Spalier gezogener Feigenbaum.

RECHTE SEITE:
Dill, Wermut, Borretsch und Alant wachsen im Kräuterbeet vor dem Birnenspalier im Convent of the Incarnation, Fairacres, Oxfordshire, England.

DER HEILKRÄUTERGARTEN DER GESAMTEN GEMEINSCHAFT

Auch wenn man heute in den Klöstern kaum noch Heilkräutergärten findet, lebt das zugrunde liegende spirituelle Fundament in anderen Formen fort. Für Christen gehört die Nächstenliebe zu den wichtigsten Geboten:

Liebe deinen Mitmenschen wie dich selbst! (Matthäus 22, 39)

In den Regeln des heiligen Benedikt ist dieser Leitsatz im Kapitel »Die Werkzeuge der geistlichen Kunst« ähnlich formuliert zu lesen:

Den Nächsten lieben wie sich selbst. (4, 2)

Auch der Pflege der kranken Brüder kommt eine besondere Bedeutung zu:

Die Sorge für die Kranken muss vor allem und über allem stehen: Man soll ihnen so dienen, als wären sie wirklich Christus. (36, 1)

In der Praxis bezog und bezieht sich diese Fürsorge nicht nur auf Klosterangehörige, sondern auch auf Kranke außerhalb der Klostermauern. In den ersten Jahrhunderten des Christentums und im Mittelalter dienten die Klöster als »örtliche Krankenstationen«. Der Heilkräutergarten besaß also für die Gesundheit der gesamten Gemeinschaft eine lebenswichtige Bedeutung. Dies ist größtenteils auf die historische Rolle zurückzuführen, die fast alle Klöster bei der Erforschung und Be-

GANZ OBEN:
Päonien in Stanbrook Abbey, Worcester, England

OBEN:
Der formal angelegte französische Garten in der Abbaye Saint-Pierre, Solesmes, Frankreich

LINKS:
Frühe Primeln in der Burford Priory, Oxon, England

BESASS ALSO FÜR DIE **GESUNDHEIT** EINE **LEBENSWICHTIGE** BEDEUTUNG.

GANZ OBEN:
Alpenveilchen in der Abbaye von Bellefontaine, Begrolles-en-Mauges, Frankreich

RECHTS:
Gemüse im Monastery of Our Lady of the Resurrection, New York

wahrung medizinischen Wissens spielten. Der Beginn dieser Entwicklung lässt sich um das Jahr 476 datieren, als Barbarenstämme aus dem Norden und Osten das zusammenbrechende Römische Reich überrollten. In den vier darauf folgenden Jahrhunderten der kulturellen Stagnation und des physischen Verfalls setzte sich diese Entwicklung fort. Auch die Barbaren wussten um die Heilkräfte der Kräuter und der Natur. Im Rahmen ihres Brauchtums verehrten sie bestimmte Pflanzen, ihre heiligen Stätten befanden sich oft in der Nähe alter Eichen oder ungewöhnlich geformter Felsen und ihre Schamanen setzten Kräuter in Verbindung mit Astrologie oder Teilen von Tieren ein, um Zauberkräfte zu beschwören. Doch die Barbaren machten keine Anstalten, die besonderen Qualitäten der unterschiedlichen Kräuter zu dokumentieren oder bestimmte Pflanzen zu kultivieren.

In diesen Jahrhunderten dokumentierten Ordensmitglieder sämtliche neuen Erkenntnisse. Die Klöster betrachteten es als Teil ihrer Aufgabe, Manuskripte aller Art zu sammeln, aufzubewahren und zu kopieren – so auch medizinische Texte. In den Klosterbibliotheken wurden nicht nur biblische oder theologische Studien betrieben, sondern sie dienten außerdem als Aufbewahrungsorte für literarische, philosophische und wissenschaftliche

Texte aus Griechenland und Rom, aus Ägypten, Mesopotamien, Palästina, China, Indien und Arabien. Aus einer 3500 Jahre alten, 1874 von George Ebers wieder entdeckten Papyrusschrift geht beispielsweise hervor, dass die alten Ägypter rund 800 Heildrogen kannten, darunter Knoblauch, Zwiebel, Senf, Thymian, Anis, Gewürzrinde, Fenchel, Kardamom, Safran, Mohn und Koriander. Im alten Indien setzte man Cannabis und Bilsenkraut als Betäubungsmittel ein. Die Chinesen kultivierten zu demselben Zweck Rhabarber, Eisenhut und Opium.

Ein Großteil dieses Wissens wurde von den Griechen zusammengetragen und in der großartigen Bibliothek von Alexandria aufbewahrt. Diese Bibliothek stellte von ihrer Gründung im 3. Jahrhundert v. Chr. bis ins Jahr 640 eine einzigartige Quelle des Wissens dar. Die Raubzüge der Römer in den Jahren 272 und 391 überlebte dieser Wissenshort, doch schließlich wurde die Bibliothek von den Muslimen zerstört. In ihr lagerten unter vielen anderen Werken auch die Sammlung des Hippokrates, entstanden im 5. Jahrhundert v. Chr. auf der griechischen Insel Kos, und die berühmte, überaus einflussreiche, von Galenus verfasste Lehre von den vier Temperamenten sowie die von Plinius dem Älteren zusammengetragene Enzyklopädie *Historia naturalis* aus dem Jahr 77. Außerdem befanden sich dort die Werke Dioskurides', des ersten »Naturheilkundlers«, dessen umfassende, aus dem 2. Jahrhundert stammende Abhandlung *De materia medica* Heilmittel beschreibt, die aus 600 Pflanzen, 35 Tieren und 90 Mineralien abgeleitet wurden. Dieses Werk stellte in den folgenden 1500 Jahren die Grundlage der Pharmakologie dar. Ohne die Klöster hätten viele dieser bedeutenden Manuskripte der Antike die dunklen Jahrhunderte niemals überlebt.

Um diese bewahrende Rolle zu erfüllen, mussten in den Klöstern Wege zur Reproduktion der Texte gefunden werden. Vor der Erfindung des Buchdrucks mit beweglichen Lettern gab es im antiken Griechenland und Rom ebenso wie im christlichen Europa nur eine Methode: das Kopieren der Schriften, Wort für Wort, per Hand. Dieser Aufgabe widmeten sich schon in frühester Zeit speziell ausgebildete Mönche. Wir wissen, dass es in den vom heiligen Pachomius (gest. 346) gegründeten Klöstern solche Schreiber gab. Etwa zur selben Zeit griff auch der heilige Hieronymus auf die Dienste dieser Mönche zurück, um seine Bibelüber-

LINKE SEITE:
Am frühen Morgen glitzert Tau auf den Blättern der Schwarzwurz im Kräutergarten des Monastery of Our Lady of the Rock, Washington, USA.

setzung ins Lateinische vorzubereiten. Als man entdeckte, dass sich mit dem Verkauf kopierter Texte auch Einkünfte erzielen ließen, entwickelten sich die Schreiber schnell zum einträglichen Bestandteil der klösterlichen Gemeinschaft. Ihr Arbeitsraum, das Skriptorium, bestand aus vier verschiedenen »Fachbereichen«, da das Anfertigen von Büchern keine einfache Angelegenheit war. Die Schreiber trugen die Verantwortung für das Kopieren der Texte, die rot gehaltenen Überschriften und liturgischen Anweisungen wurden von den Rubrikatoren angebracht und die kunstvollen Initialen stammten von den Miniatoren. In bedeutenden Klöstern konnten die Skriptorien eine beachtliche Größe annehmen.

Die Arbeit im Skriptorium war sehr anspruchsvoll. Man musste über eine seltene Kombination aus Wissen und Geduld verfügen, insbesondere wenn neben dem bloßen Kopieren noch übersetzerische und interpretatorische Fähigkeiten gefragt waren. Um diese Qualitäten zu fördern, ermutigte der heilige Benedikt seine Mönche in dem

OBEN:
Japanischer Fächerahorn und Moos bilden einen kleinen Garten vor der hölzernen Kapelle vom Monastery of Our Lady of the Rock, Washington, USA.

Kloster von Monte Cassino zum Studium der Wissenschaften, insbesondere der Medizin. Doch nicht alle folgten dem Beispiel des heiligen Benedikt. Um den heidnischen Aberglauben, der sich um die Pflanzenwelt rankte, zu bekämpfen, ordnete Burchard, der Bischof von Worms, im Jahr 1020 per Dekret an, dass die Landbevölkerung bei der Kräuterernte ihre Gedanken auf die Religion und nicht auf das Studium der Sterne geschweige denn auf heidnisches Brauchtum konzentrieren sollte. »Beim Sammeln medizinischer Kräuter«, schrieb er, »rettet euch nur das Glaubensbekenntnis und das Vaterunser.« Noch genauer mit den Heilkräutern nahm es der heilige Bernhard. Er schloss sich einer Gruppe von Mönchen an, die sich im Jahr 1098 vom Mutterkloster in Molesme abgespalten hatte, um einen noch strengeren Orden zu gründen, der später als Zisterzienserorden bekannt wurde (der Begriff Zisterzienser leitet sich von dem lateinischen Wort für Citeaux ab, jener Sumpfregion, in der sie sich niederließen). Als spiritueller Führer

dieses neuen Ordens verbot der heilige Bernhard seinen Brüdern das Studium der Medizin und empfahl, sich bei der Krankenpflege auf das Gebet und die Liebe zu beschränken. Doch wie bereits gesagt, waren Burchard und der heilige Bernhard die Ausnahmen. Einige Jahre nach dem Tod des heiligen Bernhard wurde einer der Mönche, Konstantin von Afrika, als Übersetzer medizinischer Texte aus dem Griechischen ins Lateinische bekannt. Noch später, um das Jahr 1140, schuf der Erzbischof Raimundo von Toledo ein Institut, das sich der Übersetzung medizinischer Texte aus dem Arabischen ins Lateinische widmete. Dennoch muss man sich vor Augen halten, dass trotz aller Belesenheit und Gelehrtheit der Schreiber im Skriptorium wie in allen anderen Bereichen des Klosters Tugenden wie Gehorsam, Demut und Ausdauer gefordert waren, denn der heilige Benedikt hatte in seinem Regelwerk festgelegt:

Wer sich selbst erhöht, wird erniedrigt, wer sich aber selbst erniedrigt, wird erhöht werden. (7, 1)

Dank der von Klosterschreibern festgehaltenen Überlieferungen wissen wir heute einiges über die Verbindung zwischen spirituellem Leben und der Kräuterheilkunde. Eine der ältesten Geschichten dieser Art stammt von dem Mönch Beda, der im Jahr 735 verstarb. Beda, der den Abteien von St. Peter in Wearmouth und St. Paul in Jarrow, Northumberland, angehörte, erfand das »Anno-Domini«-System der Zeitrechnung, schrieb über die Geschichte des Christentums in England und lieferte derart wichtige theologische Beiträge, dass er den Titel eines »Kirchendoktors« erhielt. In einer Geschichte über den heiligen Cuthbert von Lindisfarne verrät uns Beda, in welchem Maße die Medizin seiner Tage von spirituellen, ja mystischen Erfahrungen beeinflusst war. Als Kind litt der heilige Cuthbert an einem schmerzhaften Tumor im Knie. Das Geschwür erwies sich als so bösartig, dass er von seinen Dienern getragen werden musste. Eines Tages hatte er eine Vision von einem weißen Engel, der auf einem Pferd angeritten kam. Der Engel untersuchte den Tumor und riet dem Jungen: »Koche etwas Weizenmehl in Milch, bade dein Geschwür in dem heißen Sud und du wirst ge-

LINKE SEITE:
Rosmarin, Lavendel, Dill und Borretsch wachsen rund um eine Sonnenuhr im Kräutergarten des Monastery of Our Lady of the Rock, Washington, USA.

heilt sein.« Natürlich wirkte diese Behandlung und schon einige Tage später war der Tumor verschwunden.

Wenig später, am Heiligen Abend des Jahres 800, wurde Karl der Große von Papst Leo III. zum Kaiser des Heiligen Römischen Reiches gekrönt. Karl der Große, Begründer des größten abendländischen Staatsgebietes seit dem römischen Imperium, war ein sehr versierter Gärtner und hatte einige gleichgesinnte Mönche an seinen Hof geholt, allen voran Alkuin von York, der begeistert Pflanzen studierte und sammelte. (Karl der Große hatte vermutlich auch Pflanzen mit einem gewissen Mönch aus Aniana namens Benedikt ausgetauscht). Karl machte sein persönliches Interesse zur Reichssache, indem er im Jahr 812 ein Edikt *(Capitulare de villis)* erließ, in dem 73 Pflanzen, darunter Nuss- und Obstbäume und viele Heilpflanzen, spezifiziert wurden. Diese sollten in den 250 Grafschaften seines Reiches kultiviert werden.

Dank der Niederschriften des Mönches und Theologen Walahfrid Strabo von der Insel Reichenau wissen wir, welche Kräuterarten in den damaligen Klostergärten verbreitet waren. Strabo verfasste das wundervolle Gedicht »Hortulus«, in dem er liebevoll beschreibt, wie ein Garten von Nesseln befreit und der Boden vorbereitet wird, um Salbei, Edelraute, Wermut, Fenchel, Mohn, Minze, Poleiminze, Selle-

LINKS:
Der eingefriedete Kräutergarten im Monastery of Our Lady of the Rock, Washington, USA.

RECHTS:
Stiefel, Mäntel und Gartengeräte, die den Nonnen der Burnham Abbey, Berkshire, England, gehören.

rie, Ziest, Odermennig, Rainfarn, Katzenminze und Rettich anzubauen. Es ist wichtig zu wissen, dass im Mittelalter das lateinische Wort *herba* (Kraut) für die meisten Pflanzen mit Ausnahme von Bäumen benutzt wurde. Strabo spricht in diesem Gedicht von den Pflanzen so wie eine Mutter von ihren Kindern. Er preist ihre Vorzüge, ohne jedoch die Schattenseiten zu verschweigen.

Aus drei weiteren Beschreibungen von Klostergärten des 10. bis 13. Jahrhunderts geht die Vielfalt an allgemein verbreiteten Kräutern hervor. Die erste Quelle ist The Leech Book (leech ist das alte englische Wort für Arzt). Das in den Jahren 926 bis 946 von dem englischen Mönch Bald zusammengestellte und von dem Schreiber Cild festgehaltene Werk enthält Rezepte für Heilmittel aus Kräutern wie Beifuß, Wegerich, Waldziest, Schafgarbe, Eisenkraut, Veilchen und Johanniskraut. Die zweite Quelle, die so genannte Lacunga aus dem 11. Jahrhundert, beschreibt die medizinische Verwendung von Wegerich, Kamille, Nessel, Kerbel, Kresse, Weißdorn und Krappäpfeln. Im *De naturis rerum,* einem von dem englischen Abt Alexander von Necham zu Beginn des 13. Jahrhunderts verfassten Werk, finden wir schließlich die Beschreibung eines idealen Gartens, in dem nach damaliger Auffassung Petersilie, Fenchel,

Edelraute, Koriander, Salbei, Wirsing, Ysop, Minze, Gartenraute, Weißer Diptam, Schnittsellerie, Römischer Bertram, Salat, Gartenkresse, Pfingstrosen und Suppenkräuter wie Runkelrüben, Mangold, Gartenampfer, Gartenmelde, Sauerampfer und Malven wachsen sollten. Außerdem beschreibt der Abt Borretsch, Poleiminze, Safran und Thymian für den medizinischen Gebrauch.

Schließlich geben uns auch die botanischen Namen der Pflanzen Hinweise darauf, welche Arten früher in Klostergärten kultiviert wurden. Der Schlüssel liegt hierbei in dem lateinischen Begriff *officinalis* beziehungsweise *officinale*, der im Mittelalter so viel wie »zum Kloster gehörig« bedeutete. Dieses lateinische Wort lebt übrigens bis heute in dem Begriff offizinal fort, der so viel wie »arzneilich, als Heilmittel durch Aufnahme in das amtliche Arzneibuch anerkannt« heißt. Eibisch *(Althea officinalis)*, Borretsch *(Borago officinalis)*, Ringelblume *(Calendula officinalis)*, Erdrauch *(Fumaria officinalis)*, Ysop *(Hyssopus officinalis)*, Jasmin *(Jasmi-*

OBEN:
Lupinen, Frauenmantel, Lavendel, Rosmarin und Steinbrech umgeben einen einfachen Sitzplatz in der Burford Priory, Oxon, England

num officinale), Lavendel *(Lavandula officinalis)*, Liebstöckel *(Levisticum officinale)*, Zitronenmelisse *(Melissa officinalis)*, Pfingstrose *(Paeonia officinalis)*, Lungenkraut *(Pulmonaria officinalis)*, Apothekerrose *(Rosa gallica* var. *officinalis)*, Rosmarin *(Rosmarinus officinalis)*, Salbei *(Salvia officinalis)*, Seifenkraut *(Saponaria officinalis)*, Beinwell *(Symphytum officinale)*, Löwenzahn *(Taraxacum officinale)*, Baldrian *(Valeriana officinalis)* und Eisenkraut *(Verbena officinalis)* – die Namen verraten uns also, dass all diese Pflanzen in Klostergärten anzutreffen waren.

Durch vermehrte Aufmerksamkeit einem ganzheitlichen Ansatz in der Medizin gegenüber interessieren wir uns zunehmend für die Heilkräfte der Pflanzen. Kräuterheilkundler, so genannte Herbalisten, wissen, dass die aktiven Inhaltsstoffe einer Pflanze mit zahlreichen anderen kombiniert sind, die mögliche Nebenwirkungen ausgleichen. In der Pharmakologie isoliert man den aktiven Inhaltsstoff und muss unter Umständen andere Medikamente einsetzen, um die Nebenwirkungen einzudämmen. Die mittel-

alterlichen Herbalisten verwendeten beispielsweise Löwenzahn als Diuretikum. Da die Blätter des Löwenzahns einen hohen Kaliumgehalt aufweisen, ist der Einsatz dieser Pflanze zur Entwässerung des Körpers weitaus sinnvoller als der moderner synthetischer Diuretika. Diese reduzieren in der Regel den körpereigenen Kaliumhaushalt so drastisch, dass der Mangelzustand mit weiteren Medikamenten behoben werden muss. Der oft als lästiges Unkraut betrachtete Löwenzahn bietet noch mehr Vorzüge. Die Blätter enthalten Lutein, Violaxanthin, Bitterstoffe, die Vitamine A, B, C und D sowie Eisen. In der Wurzel findet man Insulin, Sterole, Triterpenoide, Bitterstoffe, Pektin, Glykoside und Asparagin – Stoffe, die man bei Vergiftungen und Rheumatismus einsetzt und die abführend wirken. Den so genannten »Kaffee des armen Mannes« stellte man früher aus gerösteten Löwenzahnwurzeln her und die Blüten des Löwenzahns wurden zu Löwenzahnwein vergoren.

Die Mönche sammelten ein umfangreiches Wissen über die heilenden Eigenschaften der in den Klostergärten kultivierten Kräuter. Meist beschränkte sich ein Mönch auf das Studium der Eigenschaften und der Zubereitung einer einzigen bestimmten Pflanze. Da zahlreiche Pflanzen potenziell giftig sind, musste der entsprechende Mönch über profunde Kenntnisse verfügen, um die Pflanze fachgerecht zu ernten, zu lagern und zu verarbeiten. Richtig zubereitet aß man die Kräuter frisch als Salate, andere trocknete man und verarbeitete sie zusammen mit anderen Basisstoffen zu Pillen. Man trank Kräutertees und -tinkturen oder massierte Kräutersalben in die Haut ein beziehungsweise ließ sie als Kompressen einwirken. Man bereitete Aufgüsse zu, indem man zerkleinerte Pflanzenteile mit kochendem Wasser übergoss und ziehen ließ. Um Sude herzustellen, ließ man die entsprechenden Pflanzenteile in einem nicht metallischen Behälter bei geringer Wärmezufuhr köcheln. Eine wei-

LINKE SEITE:
Weiße Rosen an der Rückwand eines alten ländlichen Gebäudes in Burnham Abbey, Berkshire, England

RECHTS:
Muscheln und Immergrün in der Little Portion Friary, New York

tere Zubereitungsform war die Mazeration, bei der die Pflanzenteile in kaltes Wasser oder Alkohol eingelegt wurden und eine bestimmte Zeit lang, teilweise unter Erwärmung, zogen. Bienenwachs oder Fett setzte man als Grundlage für Salben ein, die Kräuter wurden entweder direkt oder in Form von Tinkturen und Ölen beigemischt. Die ideale Basis war immer jene Substanz, in der sich die entsprechenden Kräuter am besten lösten – das konnte Kuh-, Schafs- oder Ziegenmilch sein, aber auch Apfelwein oder Bier, Walnuss-, Mandel-, Rosmarin- oder Lavendelöl.

Rund sechs Jahre nach dem Tod Karls des Großen, also um das Jahr 820, erstellte man im Auftrag des Abtes Gozbert aus dem Schweizerischen St. Gallen einen Plan für ein Kloster. Das Kloster wurde nie gebaut, aber dieser »Idealplan von St. Gallen« gibt Aufschluss darüber, in welcher Form Kräuter in Klostergärten kultiviert wurden. Und er illustriert auf wunderbare Weise die enge Beziehung zwischen klösterlichem Leben und dem Klostergar-

OBEN:
Lupinen, Frauenmantel, Lavendel, Rosmarin und Steinbrech umgeben einen einfachen Sitzplatz in der Burford Priory, Oxon, England

ten. Die Dimensionen der Gebäude und ihre Verbindungen zu den einzelnen Gärten sind sorgfältig spezifiziert. Um das Ärztehaus herum befinden sich der nach Norden ausgerichtete Kräutergarten, die nach Osten ausgerichtete Krankenstation und der nach Süden weisende Raum, in dem Aderlasse durchgeführt werden sollten. Das Quartier des Gärtners war südlich der Blumenbeete geplant, der Friedhof westlich davon, der Hühnerhof in östlicher und die Latrine in südlicher Richtung – die beiden Letztgenannten sollten in praktischer Nähe zum Garten liegen, da sie den gesamten organischen Dünger lieferten.

Wenngleich der Plan von St. Gallen vorsah, auch im Gemüsegarten einige Kräuter anzusiedeln, wollte man doch den Großteil in separaten Hochbeeten, streng getrennt nach Arten, kultivieren. Dieser Garten sollte umschlossen sein – entweder von den Mauern der Klostergebäude oder von hölzernen Einpfählungen. Der St. Gallener Plan sah eine Bepflanzung mit Fenchel, weißen Lilien, Salbei,

Gartenraute, Poleiminze, Bockshornklee, Pfefferminze, Rosmarin, Gladiolen, Kreuzkümmel, Liebstöckel, Rosen, Wasserkresse, Bohnenkraut, Rainfarn und – überraschenderweise – Dicken Bohnen vor. Geplant waren sechzehn Beete in zwei Reihen zu je acht Beeten – eine praktische Anordnung, die eine Orientierung erleichtern sollte. Der Heilkundler hätte so einen Novizen beauftragen können, ihm ein bestimmtes Kraut beispielsweise vom vierten Beet hinter der Krankenstation zu pflücken – die Wahrscheinlichkeit, dass der Novize das richtige Kraut mitgebracht hätte, wäre so recht hoch gewesen.

Heute werden in den Klostergärten die Kräuter meist innerhalb des Gemüsegartens kultiviert. Eine bemerkenswerte Ausnahme macht hier das Kloster Our Lady of the Rock auf der Insel Shaw vor Seattle im amerikanischen Bundesstaat Washington. Hinter dem reizenden Kräutergarten der Nonnen befindet sich ein bezauberndes Wäldchen aus flechtenbewachsenen Kiefern, davor erstreckt sich eine Wiese, auf der Kühe und Lamas grasen. Die Kräuter finden vielfältige Verwendung. Frisch oder getrocknet werden sie zu Salaten, Suppen und Eintöpfen verarbeitet. Aus den kapernähnlichen Früchten der Kapuzinerkresse beispielsweise wird ein pikanter Senf hergestellt. Die getrockneten Blütenblätter der Ringelblume verwenden die Nonnen als Safranersatz und zum Verzieren von Kuchen. Sie bauen vier verschiedene Lavendelarten an, deren Blüten getrocknet und in kleine Säckchen gefüllt werden, die das Innere der Schränke frisch halten. Aus Basilikum, Essig und Wasser stellen die Nonnen ein Spray her, das im Sommer die Fliegen von den Kühen fernhält, und mithilfe von Beifuß vertreiben sie die Motten aus ihren Gewändern. Mit blühenden Kräutern wird auch immer die Kirche geschmückt.

Am Tag unseres Besuches war Schwester Felicitas für den Garten verantwortlich. Aus den verfügbaren Kräutern bereitete sie einen Tee zu, der in jedem Fall über Heilkraft verfügt. Sie teilte uns ihre Beobachtungen mit:

Brüht man einen Tee aus Rosmarin, Salbei, Kamille und Pfefferminze auf, wirkt dieser sowohl antibiotisch als auch antibakteriell. Man kann sicher sein, dass man mit einem solchen Tee den mensch-

LINKE SEITE:
In das Gartenhäuschen ziehen sich die Nonnen für einen Tag zurück. Am Flüsschen, das sich durch die Ländereien der Saint Mary's Abbey, West Malling, Kent, England, schlängelt, stehen Iris und Storchschnabel.

lichen Körper nicht überfordert. Es handelt sich hier um einen minimalen Eingriff, der den Organismus wieder ins Gleichgewicht bringt. Diese Art der Pflanzenverwendung ist absolut sicher und unbedenklich. Wir arbeiten hier nicht mit medizinischen Kräutern, da es sich um ein Spezialgebiet handelt, auf dem man sich nicht ohne das entsprechende Fachwissen betätigen sollte.

Schwester Felicitas erklärte uns, dass zumindest drei der 37 hier kultivierten Pflanzen – die Christrose, der Eisenhut und der Fingerhut – giftig sind und sich die Mönche im Mittelalter mit der Verwendung dieser Arten bestens auskannten. Für Schwester Felicitas und die Gäste des Klosters hat allein schon die körperliche Betätigung oder der bloße Aufenthalt im Garten Heilkraft. Sie sagte:

Selbst in turbulenten, arbeitsreichen Zeiten kann ich bei der Gartenarbeit abschalten, auch wenn man im Garten ständig das Gefühl hat, nie mit der Arbeit fertig zu werden. Trotzdem verspüre ich hier bei der Arbeit ein tiefes Gefühl des Friedens. Ich habe die Erfahrung gemacht, dass

LINKS:
Ein einsamer Platz zum Gebet in der Downside Abbey, Stratton-on-the-Fosse, Somerset, England

RECHTS:
Lavendel wächst unter einem Orangenbaum im Mount Calvary Monastery, Kalifornien, USA.

Gärten eine schier unerschöpfliche Quelle von Analogien darstellen, von Analogien zum Leben und zu den Beziehungen zwischen den Dingen. Beim Gärtnern stoße ich auf immer neue solcher Analogien. Es ist eine bestimmte Denkweise, die für meine Spiritualität sehr wichtig ist und mir hilft, mich von dem rein Rationalen zu lösen. Im Garten schafft der Gärtner in Zusammenarbeit mit der Natur eine Ordnung. Von den Pflanzen geht Energie aus. Kaum bin ich im Garten angekommen, spüre ich diese Energie. Es ist wie das Betreten einer Kirche, in der viele Menschen beten – man spürt die Energie des Gebets. Ebenso ist es im Garten – doch hier entspringt die Energie der Natur. Der jedem Garten innewohnende Widerspruch besteht darin, dass die Natur ihn zurückerobert, sobald man ihn sich selbst überlässt. Und diese Analogie ist mir erst kürzlich klar geworden: Wir selbst sind wie Gärten – wenn wir unsere Spiritualität vernachlässigen, wenn wir nicht ständig danach streben, uns über unsere Instinkte zu erheben, dann kehren wir auf die unterste Stufe zurück, von der man nur schwer wieder aufsteigt.

4

DER GEMÜSE-GARTEN

BEOBACHTET MAN, WIE DIE SONNE ÜBER DEM LIEBEVOLL GEPFLEGTEN GEMÜSEGARTEN DER SAINT MARY'S ABBEY IM ENGLISCHEN WEST MALLING AUFGEHT, SIEHT MAN DIESEN NÜTZLICHEN ORT IN EINEM ANDEREN LICHT. DER GEMÜSEGARTEN LIEGT EINGEBETTET ZWISCHEN DEN KLOSTERMAUERN UND STRAHLT EINE BESONDERE ART DER WÜRDE AUS, DIE VON DER SPIRITUELLEN VERBINDUNG ZWISCHEN DEM GÄRTNER UND DEM KLÖSTERLICHEN LEBEN ZEUGT. EINE DER SCHWESTERN ERKLÄRTE UNS:

VORHERGEHENDE DOPPELSEITE:
Morgenstimmung im Gemüsegarten von Saint Mary's Abbey, West Malling, Kent, England

RECHTE SEITE:
Der ordentliche Gemüsegarten des Convent of the Incarnation, Fairacres, Oxfordshire, England

DIE **MÖNCHE** RESPEKTIEREN
ESSENZIELLES **ELEMENT**

Ich bin der Meinung, dass der Gemüsegarten sehr wichtig ist, da die Benediktiner der körperlichen Arbeit einen hohen Stellenwert zuschreiben. Die Kultivierung des Bodens hat für uns eine besondere Bedeutung, weil der Gedanke der Demut in unserem Regelwerk eine große Rolle spielt. Demut, lateinisch humilitas, *ist eng mit dem Wort Humus, Boden, verwandt ... Wir bemühen uns, unserer Umwelt zu dienen. Es ist Teil des Lebens in einem Benediktinerkloster, sich um die Umgebung zu kümmern, sie zu pflegen, alles, was zum Kloster gehört, zu hegen und das gilt natürlich auch für das Land. Stabilität und ständige Anwesenheit im Kloster sind Pflicht. Wir haben ein Gelübde der Anwesenheit abgelegt, also verbringen wir unser Leben immer am gleichen Ort. Unser spirituelles Leben besteht aus Arbeit, Gebet und Studium. Ich glaube, dass es sehr wichtig ist, ein Leben zu führen, in dem ein Gleichgewicht zwischen Körper, Seele und Geist herrscht. Bei der Arbeit mit den Pflanzen lernt man viel über ihr Wesen und versteht, dass sie keine austauschbaren Dinge sind. Der Gärtner ist in seiner Erde verwurzelt, die ein Teil der göttlichen Schöpfung ist. Alles um uns herum ist Teil der göttlichen Schöpfung. Deshalb müssen wir allem auf dieser Erde mit Demut begegnen.*

Auf den ersten Blick mag die Verbindung zwischen den Begriffen Demut und Boden weit hergeholt er

LINKS OBEN:
Eine Nonne pflegt den Gemüsegarten der Abbey of Regina Laudis, Connecticut, USA.

GANZ OBEN:
Kopfsalat

OBEN:
Ein Mönch kümmert sich um die Schafe im Monastery of Our Lady of the Resurrection, New York.

DEN **BODEN** ALS

DER SCHÖPFUNG **GOTTES**.

GANZ OBEN:
Zucchini

RECHTS OBEN:
Kohl

scheinen, doch die lateinischen Wurzeln dieser Wörter weisen eine enge Verbindung auf: *humus* bedeutet so viel wie Erde, Boden, Grund und *humilitas* heißt Nähe zum Boden. Im klösterlichen Leben wird deutlich, dass durch die Demut und die eigene Erniedrigung Fruchtbarkeit entsteht – ebenso wie die Erde, die der Mönch mit Respekt behandelt, gute, gesunde Pflanzen hervorbringt. Die Mönche respektieren den Boden als essenzielles Element der Schöpfung Gottes.

Wir haben bereits gesehen, dass nach der Lehre des heiligen Benedikt »himmlische Erhöhung« auf der Erde nur durch Demut zu erlangen ist. In seinem Regelwerk benutzt der heilige Benedikt das Symbol der Leiter, um unser Leben darzustellen – das Auf- und Absteigen steht für unsere Taten. Die zwölf Stufen des heiligen Benedikt zur Demut sind die Sprossen dieser Leiter. Wenn unser Handeln von Stolz geleitet wird, steigen wir ab, allein Demut lässt uns emporklettern. Der Mönch, der in aller Demut emporklettert, kann sich der »Liebe Gottes, die uns alle Angst nimmt«, sicher sein. Im Kloster bedeutet Demut also keineswegs Scheitern, sondern stellt den Weg dar, der uns näher zu Gott bringt.

*

Viele Besucher reagieren überrascht auf das tiefe Bewusstsein, das die Klos-

terbewohner den Vögeln und Tieren des Gartens entgegenbringen. Diese Wesen werden mit demselben Respekt wie die Erde behandelt, denn auch sie sind Teil der göttlichen Schöpfung und ein Geschenk, das der klösterlichen Gemeinschaft zur Erhaltung anvertraut wurde. Diese Haltung könnte man ökologisch nennen und wir alle können daraus nur lernen. Da Klöster unverrückbar immer am selben Ort bleiben und die Ordensleute ein Gelübde der Anwesenheit *(stabilitas)* abgelegt haben, käme hier niemand auf den Gedanken, den Boden auszubeuten. Schließlich kann man sich nicht einfach ein neues Stück Land suchen und es der nächsten Generation überlassen, die entstandenen Schäden zu beseitigen. Stattdessen bemüht man sich, im Einklang mit der Natur zu leben und auch an die Zukunft der Umwelt zu denken. Aus diesem Grund wird in vielen Klöstern ökologischer Landbau betrieben. Man setzt auf Mikroorganismen, die organische Substanzen zu Erde verwandeln und so den Boden gesund und fruchtbar halten. Man ist der festen Überzeugung, dass chemische Mittel nur sehr kurzzeitig Erfolg bringen und dass sie auf lange Sicht die lebendige Erde zerstören, da zur Aufrechterhaltung der gleichen Produktivität immer höhere chemische Konzentrationen im Boden notwendig sind. Und die wiederum töten die lebenswichtigen Mikroorganismen. Ein Teufelskreis, der in vergiftetem Boden und vergifteten Nahrungsmitteln endet, entsteht.

In West Malling hat man sich bereits vor zwanzig Jahren von der Chemie verabschiedet. Auf den Beeten findet man seitdem nur noch organisches Material. Und das zeigt man gern den Besuchern. Die Nonnen sind sich darüber im Klaren, dass sie ökologischen Landbau fördern können, indem sie Besucher durch ihren Gemüsegarten führen und ihnen ihre Erfahrungen vermitteln. Zu ihren Methoden gehört auch die Gründüngung: Man baut Pflanzen an, die den Boden mit dem nötigen Stickstoff anreichern. Zu diesen Pflanzen zählen der Rot- oder Wiesenklee *(Trifolium pratense)*, die Puffbohne *(Vicia faba)*, die Luzerne *(Medicago sativa)* und die Sandwicke *(Vicia villosa)*. Bevor die Pflanzen ins Kraut schießen, werden sie in die oberste Erdschicht eingearbeitet. Dort verrotten sie und reichern im Verlauf dieses Prozesses den Boden mit Stickstoff an. Manchmal lassen die Nonnen

LINKE SEITE:
Herrliche reife Tomaten aus der Abbayde de Notre-Dame des Gardes, St-Georges des Gardes, Frankreich

die Pflanzen zur Blüte kommen, denn so dienen sie als Weide für Bienen und andere Insekten, bevor sie dem Boden zugute kommen. Der Gemüsegarten ist aufgrund seiner Vielfalt ein attraktives Betätigungsfeld. Eine der Schwestern berichtete uns:

Ich mag den Küchengarten, weil man hier sehr flexibel sein muss. Wenn es einen Tag lang regnet, sprießt am nächsten das Unkraut und man muss jäten. Hier muss man die Dinge nehmen, wie sie kommen. Das bedeutet, in der Gegenwart zu leben und den Dingen ihren Lauf zu lassen.

In der Mepkin Abbey in der Nähe von Charleston im amerikanischen Bundesstaat South Carolina haben die Mönche einen Tee entwickelt, der die Erde verbessert und den sie Earth Healer (Erdheiler) nennen. Es handelt sich um einen Aufguss aus Hühnerdung und Kiefernspänen aus einer nahe gelegenen Möbelfabrik. Die Zutaten können direkt in den Boden eingearbeitet oder aber zu einem Flüssigdünger verarbei-

LINKS:
Ein Teil des biologisch bearbeiteten Gemüsegartens in Saint Mary's Abbey, West Malling, Kent, England

RECHTS:
In der Abbaye von Bellefontaine, Begrolles-en-Mauges, Frankreich, liegt der Gemüsegarten hinter der Kirche.

tet werden, der sich besonders gut für Zimmerpflanzen eignet. Die robuste Gesundheit ihrer Pflanzen spricht für die Rezeptur der Mönche. Den Dünger verkaufen sie auch an Gärtner außerhalb des Klosters.

Es gibt viele solcher Beispiele aus den unterschiedlichsten Ländern. Im Kloster Saint-Benoît-sur-Loire beispielsweise stellen die Mönche einen bodenverbessernden Aufguss her, indem sie Nesseln in mit Wasser gefüllten Tonnen verfaulen lassen. Auch Algen sind gute Bodenverbesserer. Sie haben einen hohen Kaliumanteil und enthalten Algensäure, die Bakterien anzieht, die wiederum für den Zersetzungsprozess wichtig sind. Die Schwestern von Our Lady of the Rock bei Seattle sammeln an der Küste Seetang. Sie arbeiten ihn direkt in den Boden ein oder zerkleinern ihn und mischen ihn unter den Kompost. Außerdem wird der Kompost mit dem Dung der klostereigenen Hühner und Kühe versetzt. Diese traditionelle Kompostierung hat einen weiteren Vorteil: Auf diese Weise lassen sich

eine Menge Abfälle wieder verwenden – zum Beispiel bestimmte Küchenabfälle, Rasenschnitt und sogar Wollsocken.

Schädlinge stellen in jedem Garten eine besondere Herausforderung dar. Irgendwie muss man den Blattläusen, den Schnecken, Weißen Fliegen und Tausendfüßlern zu Leibe rücken. Wer könnte das besser als die natürlichen Feinde der Schmarotzer? In Burford Priory im englischen Oxon errichteten die Mönche mithilfe ihrer Besucher Hügel aus Zweigen alter Bäume. Einer der Mönche erklärte uns:

Diese Hügel aus Ästen sind der natürliche Lebensraum von Insekten. Sie ziehen Tausende von Marienkäfern an, die hier überwintern. Am ersten warmen Frühlingstag kommen die Marienkäfer heraus und setzen sich auf die Zweige. Es sind so viele, dass die Hügel wie rot angestrichen aussehen.

Marienkäfer und Schwebfliegen delektieren sich an Blattläusen. Auch Blüten wie beispielsweise die der Studentenblume *(Tagetes)* ziehen Marienkäfer an. In dem wunderschönen Gemüsegarten des Klosters Regina Laudis in Bethlehem, Connecticut, kultiviert man Jahr für Jahr Studentenblumen zwischen den sechs bis sieben unterschiedlichen Salatarten. Schnecken – sowohl Weinberg- als auch Nacktschnecken – hält man mithilfe von Fröschen und Hühnern in Schach. Die Schnecken sind am frühen Morgen und abends besonders aktiv. Ein abendlicher Besucher des Klosters sammelte einmal über fünf Dutzend Schnecken – ein fettes Abendmahl für das Federvieh.

Im Rahmen des ökologischen Gartenbaus wird Überflüssiges, Ungewolltes in Nützliches und Notwendiges verwandelt – im Kloster ist dies eine vertraute Botschaft. Die Schönheit eines Gemüsegartens liegt in seiner Schlichtheit und Gewöhnlichkeit: ausgetretene Pfade mit Buckeln und Löchern, an die sich die Füße jedoch erstaunlich schnell gewöhnen. Am funktionalen Design der Rechen, Spaten und Hacken hat sich in all den Jahrhunderten ebenso wenig geändert wie am Geruch frisch umgegrabener Erde. Einer der Mönche von En-Calcat im französischen Dourgne erklärte uns, was ihm der schlichte Ort bedeutet:

Hier steht für mich das schönste Gebäude – das, in dem der Traktor und die Mistga-

LINKE SEITE:
In der Abbey of Regina Laudis, Connecticut, USA, wachsen weißer und roter Mangold gemeinsam mit Kopfsalat und Ringelblumen in Hochbeeten; die Beete sind mit Natursteinen eingefasst.

beln stehen. Oh, wie ich es mag! Dies ist der richtige Ort für einen Mönch – es ist mein Lieblingsplatz. Hier ist der Komposthaufen und dort der Schuppen, wo wir die Maschinen und Fahrräder reparieren. Und um die Ecke gibt es eine Schreinerei und eine Garage. All diese Orte sind sehr praktisch und funktionsorientiert. Der Gemüsegarten ist seit mehr als hundert Jahren in Betrieb – hier landet der Kompost. All dies hat keine symbolische Bedeutung – es ist einfach Lebensraum. Und das gefällt mir so sehr!

Funktionale Anlagen und Gebäude wie die beschriebenen mögen keine symbolische Bedeutung besitzen, doch oft findet sich auch hier eine kleine Marienstatue über dem Eingang oder ein Kruzifix über den Gerätehaken. In der

OBEN:
Die kleine Kapelle bei der Abbaye de Notre-Dame des Gardes, St-Georges des Gardes, Frankreich, ist von Tomaten und Kürbissen umgeben.

Abbaye von Notre-Dame des Gardes im französischen St-Georges des Gardes steht im Gemüsegarten eine kleine Kapelle – gerade groß genug für zwei bis drei Personen. Sie steht inmitten der Tomaten, die Tür öffnet sich zum Garten hin.

Die klösterlichen Gemüsegärten entstanden aus der Idee, jede Gemeinschaft müsse in der Lage sein, sich selbst zu versorgen. Dieses Beispiel der ersten Mönche wurde vom heiligen Benedikt aufgegriffen, der schrieb:

Es sind wahrhaftige Mönche, die von der Arbeit ihrer eigenen Hände leben, wie es unsere Väter, die Apostel, taten.

Wie wir bereits hörten, legte der heilige Benedikt Wert auf das Gleichgewicht

LINKS:
Eingang zum Gemüsegarten des Monastery of Our Lady of the Resurrection, New York

zwischen spirituellem Leben, körperlicher Arbeit und dem Gebet.

In manchen Klöstern allerdings durchbrach man die Regel, die besagte, dass täglich in Abstimmung mit dem liturgischen Zyklus bis zu sieben Arbeitsstunden zu leisten seien. So entschieden im 12. Jahrhundert die Mönche im französischen Cluny, dass das Gebet und das Singen der Psalme ihre eigentliche Aufgabe sei, und sie stellten Landarbeiter sowie Bedienstete ein, die den Boden kultivierten. Aus dieser jahrelangen Arbeitsteilung ergab sich die Unterscheidung zwischen Chormönchen und Arbeitsmönchen. Die Chormönche widmeten sich in erster Linie den intellektuellen Aufgaben, während die Arbeitsmönche die Bürde der körperlichen Arbeit auf sich nahmen. In den frühen 60er Jahren des 20. Jahrhunderts wurde dieses Thema ausführlich vor dem Zweiten Vatikanischen Konzil behandelt und die Kirche beschloss, das System der Arbeitsmönche auslaufen zu lassen.

Auch wenn die Intention des Konzils darin bestand, die unerwünschten

RECHTS:
Ordentlich aufgereihte Gartengeräte in der Abbaye Sainte-Scholastique, Dourgne, Frankreich

Unterschiede zwischen den Mönchen zu beseitigen, so sahen nicht wenige in dieser Entscheidung eine Abwertung der Landarbeit. Der bedeutendste Grund für das immer kleiner werdende Interesse der Klöster an der Selbstversorgung ist jedoch der Aufschwung der modernen Landwirtschaft. Die heutigen Bauernhöfe müssen wesentlich größer sein als früher, um profitabel zu arbeiten. Und in jüngster Zeit hat man in immer mehr Klöstern herausgefunden, dass es unter wirtschaftlichen Aspekten sinnvoller ist, das Land an Bauern zu verpachten, als es selbst zu bestellen. Gleichzeitig sind die staatlichen Vorschriften bezüglich der Viehzucht immer strenger geworden, sodass sich die Haltung von Schafen und Kühen für viele Klöster nicht mehr lohnt. Die Klöster verkaufen ihr Land jedoch in der Regel nicht, weil sie es gern als »Pufferzone« sowie als Einkommensquelle behalten, doch immer weniger Mönche betätigen sich selbst in der Landwirtschaft und Viehzucht.

Zu Beginn der 80er Jahre des 20. Jahrhunderts konnte man diese

Tendenz auch in den arbeitsintensiven Gemüsegärten beobachten. Und so beschloss man in vielen Klöstern, den Gemüseanbau zu beschränken und die benötigten Produkte zu kaufen. In vielen Klöstern fiel der Gemüsegarten einem Rasen oder Parkplatz zum Opfer. Die folgenden beiden Beispiele zeigen, was bleibt, wenn man die traditionellen Praktiken aufgibt: In Downside Abbey im englischen Stratton-on-the-Fosse sind die außergewöhnlich langen Eibenhecken alles, was von dem Gemüsegarten, den sie einst umschlossen, erhalten blieb. In der Abbeye von Sainte-Scholastique im französischen Dourgne musste der Gemüsegarten einer Rasenfläche weichen. Sie ist nun Teil des romantischen Landschaftsgartens, den der Toulouser Landschaftsarchitekt Paul Bonnamy zwischen 1892 und 1911 entworfen und geschaffen hatte.

Die Entscheidung, die Selbstversorgung aufzugeben, kann schwer fallen. Viele Ordensleute bedauern zutiefst den Verlust des Gärtnerns, einer Tätigkeit, die solch ein wichtiger Bestandteil ihres Lebens war. Die Nonnen des Tymawr Convent in Wales machten so lange weiter, bis sie keine Arbeitskräfte mehr fanden, die sie bei der Butter- und Käseherstellung unterstützten. Zudem erforderten die EG-Bestimmungen die Erneuerung der Kuhställe, doch dafür fehlte dem Konvent das Geld. »Also ließen wir das Ganze auslaufen«, erzählte eine der Nonnen, die seit Beginn der 50er Jahre im Gutsbetrieb gearbeitet hatte.

Für mich verband sich die Arbeit auf den Feldern, die Kultivierung des Landes, der Umgang mit den Tieren, das Leben an der Luft und unter freiem Himmel ganz selbstverständlich mit dem Gebet – und so hatte ich es mir gewünscht: ein harmonisches Ganzes. Ich habe draußen auf dem Feld ebenso gebetet wie in der Kapelle. Wir bauten unser Gemüse selbst an und mussten nichts dazukaufen. Die Kartoffeln und das Obst reichten das ganze Jahr hindurch. Bevor es Tiefkühltruhen gab, aß man zur Rhabarberzeit viel Rhabarber. Wenn die Himbeeren reif waren, aß man Himbeeren. Wenn die Kühe gekalbt hatten, gab es besonders fette Milch und viel Sahne. Ich habe dieses Leben geliebt. Und ich habe es geliebt, mit den Jahreszeiten zu leben und zu essen. Eines der wichtigsten Dinge, die ich gelernt habe, war, die Natur zu akzeptieren. Wenn wegen einer Trockenperiode eine bestimmte Pflanze keine Ernte brachte,

LINKE SEITE:
Dost wächst an den Seiten des Eisentors zum Gemüsegarten der Abbey of Regina Laudis, Connecticut, USA.

dann fiel die Ernte bei einer anderen Pflanze aufgrund ein und derselben Trockenphase umso besser aus. Und über einen Zeitraum von vier, fünf Jahren betrachtet glich sich alles wieder aus. Wir können die Natur nicht beherrschen. Das Gefühl, es erst gar nicht versuchen zu müssen und sich mit dem abzufinden, was der Herrgott uns schickt, ist sehr befreiend. Dies war eine wichtige spirituelle Erfahrung.

Dies sind die spirituellen Lehren, die einem die Kultivierung des Landes vermittelt, und nicht zufällig bauten schon die ersten Mönche ihre Nahrungsmittel selbst an. Bei seinem Aufenthalt in Bethlehem im Jahr 390 schrieb der heilige Hieronymus einen Bericht über den Besuch, den der heilige Hilarius der Einsiedelei des heiligen Antonius in der Wüste abstattete. Nach dreitägiger Reise durch die Wüste wurde der heilige Hilarius von zwei Männern empfangen, von denen einer – sein Name war Isaak – den heiligen Antonius zu seinen Lebzeiten gepflegt hatte. Von jenem Isaak ist folgender Bericht überliefert:

OBEN:
Kühe weiden vor der Abbaye de Notre-Dame, Le Bec Hellouin, Frankreich.

Hier sang Antonius, hier betete er, hier arbeitete er und hier rastete er, wenn er müde war. Diese Reben und Sträucher pflanzte er mit seinen eigenen Händen, diesen Garten hat er geschaffen. Diesen Teich zum Bewässern des Gartens legte er unter großen Mühen an. Diesen Spaten benutzte er viele Jahre lang. Seht diesen Garten mit seinen Büschen und dem Gemüse ... Vor drei Jahren wurde er von einer Horde wilder Esel verwüstet. Antonius gebot einem der Leittiere mit einem Stock Einhalt und fragte es, warum es verzehrte, was es nicht selbst ausgesät hatte. Nie wieder rührten die Tiere etwas aus dem Garten an, weder einen Strauch noch ein Gemüse, nur wie schon zuvor tranken sie das Wasser.

Die Symbolik des Gemüses ist überaus prägnant, denn die Wüstenväter boten es ihren Besuchern als besonderen Willkommensgruß an, während sie sich selbst den Genuss dieser Delikatesse versagten. Auf ihrem kargen Speiseplan standen Gerstenbrot, getrocknete Bohnen und Feigen. Da hatten es die Mönche von Cluny im 12. Jahrhundert

besser. Sie aßen täglich zwei Mahlzeiten. Die Hauptmahlzeit bestand aus drei Gängen: aus getrockneten Bohnen, Käse oder an Donnerstagen, Sonn- und Feiertagen Fisch sowie aus jahreszeitlichem Gemüse. Das Gemüse wurde meist in Fett gedünstet und mit Salz und Pfeffer gewürzt.

Eine detaillierte Pflanzenliste der Hildegard von Bingen (1098–1179) gibt Aufschluss darüber, was im Garten ihres Klosters angebaut wurde. Viele der Gemüsearten waren schon den Römern und Griechen bekannt: Puffbohnen *(Vicia faba)*, Kohl *(Brassica oleracea)*, Gurke *(Cucumis sativus)*, Knoblauch *(Allium sativum)*, Lauch *(Allium* var. *porrum)*, Salat *(Lactuca sativa)*, Zwiebeln *(Allium cepa)*, Erbsen *(Pisum sativum)*, Rettich *(Raphanus sativus)*, Schalotten *(Allium cepa* var. *ascalonicum)* und Süßwurzel *(Sium sisarum)*. In diesem Zusammenhang ist erwähnenswert, dass einige der Arten, die wir heute so selbstverständlich als heimisch bezeichnen, aus anderen Regionen stammen. So kommt beispielsweise der Romana-Salat von der griechischen Insel Kos – da er bei den Römern so beliebt war, nannten wir ihn »Romana«.

Auf der Liste der heiligen Hildegard finden sich auch Artischocken *(Cynara scolymus)*, Karotten *(Daucus* ssp. *carota)*, Schöllkraut *(Chelidonium majus)*, Sellerie *(Apium graveolens)*, Kichererbsen *(Cicer arietinum)*, Gartenkresse *(Lepidium sativum)*, Dill *(Anethum graveolens)*, Gagelstrauch *(Myrica gale)*, Edelgamander *(Teucrium chamaedrys)*, Flaschenfrucht *(Lagenaria siceraria)*, Linsen *(Lens culinaris)*, Senf *(Sinapis alba)*, Gartenmelde *(Atriplex hortensis)*, Oregano *(Origanum vulgare)*, Petersilie *(Petroselinum crispum)*, Portulak *(Portulaca oleracea* ssp. *sativa)*, Wolfsmilch *(Euphorbia)* und Brunnenkresse *(Nasturtium microphyllum)*.

Die Karotten der Hildegard von Bingen waren wahrscheinlich dünner als die, die wir heute kennen, denn diese sind das Ergebnis französischer Experimente in der zweiten Hälfte des 19. Jahrhunderts. Und natürlich kannte man zur Zeit der Hildegard von Bingen viele der Gemüsearten, die wir heute als ganz selbstverständlich hin-

LINKE SEITE:
Ein preisgekrönter Kürbis in der Abbaye de Bellefontaine, Begrolles-en-Mauges, Frankreich

nehmen, in den europäischen Ländern noch nicht, zum Beispiel Kartoffeln, Tomaten, Mais und Kürbis.

In diesem Kapitel soll nicht unerwähnt bleiben, in welcher Weise die Klöster in den vergangenen Jahrhunderten zur Kultivierung und zur Erforschung der Nutzpflanzen beigetragen haben. So tragen zumindest zwei Gemüsesorten die Namen belgischer Kapuzinermönche: eine purpurn blühende Erbsensorte, die sich Blaue Kapuzinererbse nennt, und ein Endiviensalat, der bei uns Belgische Endivie heißt, bei den Franzosen indes als »barbe de capucin« (Kapuzinerbart) bekannt ist. Der berühmteste Name auf dem Gebiet der Forschung ist sicherlich der Gregor Mendels, eines Augustinermönchs, der ganz grundlegende Schritte auf dem

LINKS:
Tomaten und Setzlinge im Gewächshaus des Convent of the Incarnation, Fairacres, Oxfordshire, England

RECHTS:
Eine Marienstatue vom heiligen Herzen im Garten der Abbaye de Fleury, Saint-Benoît-sur-Loire, Frankreich

Gebiet der Genetik unternahm und auf die nach ihm benannten Mendelschen Gesetze stieß. Der 1860 zum Abt des Augustinerstifts Brünn (das heutige tschechische Brno) ernannte Mendel fand dennoch die Zeit, um in den Klostergärten systematische Kreuzungsversuche mit Erbsen und Bohnen durchzuführen. Bei diesen Versuchen in der friedlichen Abgeschlossenheit des Klosters entdeckte der Abt die dominanten beziehungsweise rezessiven Erbgänge. Auch wenn bereits seine Zeitgenossen auf weitere wichtige Erkenntnisse stießen, bilden seine Entdeckungen die Grundlage für die außerordentlichen Entwicklungen der modernen Biogenetik, die uns heute, zu Beginn des dritten Millenniums, vor schwierige ethische Fragen stellt.

5

WEINBERG UND OBST-GARTEN

WEINBERG UND OBSTGARTEN STELLEN MEIST DIE ERWEITERUNG DES GEMÜSEGARTENS DAR UND BEFINDEN SICH IN DER REGEL IN DEN RANDBEREICHEN DER KLÖSTERLICHEN ANWESEN, DORT, WO GARTEN UND FELDER INEINANDER ÜBERGEHEN. DEM FLEISS UND DER DISZIPLIN DER MIT DEM GARTENBAU UND DER LANDWIRTSCHAFT BETRAUTEN ARBEITSMÖNCHE WAR ES ZU VERDANKEN, DASS IM HERBST SCHEUNE UND FÄSSER GUT GEFÜLLT WAREN. IM GEGENSATZ ZU IHREN BRÜDERN, DEN CHORMÖNCHEN, HATTEN DIESE PRAKTISCH VERANLAGTEN, ZUPACKENDEN MÄNNER KEIN GELÜBDE ABGELEGT, REGELMÄSSIG DIE MESSEN ZU BESUCHEN. DAHER KONNTEN SIE ÜBER IHRE ZEIT FREI VERFÜGEN UND SICH DEN GANZEN TAG DER FELDARBEIT WIDMEN.

VORHERGEHENDE DOPPELSEITE:
Zwischen Apfelbäumen stehen die Bienenstöcke in Saint Mary's Abbey, West Malling, Kent, England.

RECHTE SEITE:
Blühende Apfelbäume und Wildblumen im Tymawr Convent, Gwent, Wales

IM GEGENSATZ ZU IHREN **BRÜDERN**,

PRAKTISCH VERANLAGTEN, ZUPACKENDEN

Dank ihres unermüdlichen Einsatzes und schwerer körperlicher Arbeit legten diese fleißigen Mönche im Mittelalter für viele Klöster Sumpfland trocken, außerdem entwickelten sie neue, sehr ausgeklügelte Bewässerungssysteme. Von dem Wissen und den von den Arbeitsmönchen gesammelten Erfahrungen, was den Obstanbau, die Schafzucht und Kelterei betrifft, profitierten in späteren Jahren zahlreiche europäische Volkswirtschaften.

Die Produktpalette der klösterlichen Obstgärten und Weinberge lässt sich in drei verschiedene Kategorien unterteilen: Äpfel und Apfelmost, alles andere Obst sowie Weine und Liköre.

ÄPFEL UND APFELMOST

Leicht kann man sich vorstellen, welche Gedanken einem Mönch beim Schneiden eines Apfelbaumes durch den Kopf gingen, denn in der Bibel besitzt der Apfel eine ganz besondere Symbolik. Vielleicht dachte er sich: »Der Apfel ist eine Frucht mit zwei Gesichtern. In der Hand Jesu Christi steht er für die Rettung, doch in den Händen Adams symbolisiert er das Böse und die Versuchung.« Die Verbindung zwischen dem Apfel und dem Bösen wird auch in den entsprechenden botanischen Bezeichnungen deutlich: *malum*, das Böse, und *malus*, der Apfel. Zwar wird in der Bibel nicht ausdrücklich erwähnt, dass der Apfel die Frucht des Baumes der

GANZ OBEN:
Mispelfrucht

OBEN:
Pflaumen

LINKS:
Fallobst – Äpfel und Birnen

DEN **CHORMÖNCHEN**, HATTEN DIESE MÄNNER **KEIN GELÜBDE** ABGELEGT...

GANZ OBEN:
Quitten

OBEN:
Kiwis

RECHTS:
Pflaumen

Erkenntnis ist, aber unser Mönch weiß doch, dass dieser Baum häufig als Apfelbaum dargestellt wird – obwohl dies nicht sehr nahe liegt, denn Äpfel sind ursprünglich nicht im Mittleren Osten heimisch. Und natürlich fragt sich unser Mönch, ob es denn richtig ist, eine mit solch düsteren Assoziationen behaftete Frucht zu kultivieren.

Der Apfel, wie wir ihn heute kennen, hat eine lange Geschichte. Er entwickelte sich aus frühen Züchtungen wilder Holzäpfel, die darauf abzielten, größere Früchte zu erhalten. Äpfel werden bereits in den frühesten Werken der westlichen Literatur erwähnt, beispielsweise in Homers Odyssee aus dem 9. Jahrhundert v. Chr. Im 2. Jahrhundert v. Chr. beschreibt der römische Dichter Marcus Porcius Cato Einzelheiten des Pfropfens und andere Aspekte des Gartenbaus. Zu Beginn des 12. Jahrhunderts wurden von den Franzosen aus Zwergformen entwickelte neue Apfelsorten an Spalieren gezogen. Zufällig bestäubte Mostäpfel wurden aus Samen herangezogen, doch der neue Dessertapfel, den die Franzosen sich wünschten, konnte nur durch Pfropfen erreicht werden – andernfalls wären die elterlichen Eigenschaften verloren gegangen. Gegen Ende des 12. Jahrhunderts schickten Zisterziensermönche aus Morimond, nordöstlich vom französischen Langres gelegen, Apfelpfröpflinge, Samen und

Schnittlinge in den Norden und Osten Deutschlands. Auch in den englischen Klöstern Christ Church Canterbury und Bury St. Edmunds gab es zu dieser Zeit bereits Obstgärten.

Die Äpfel verzehrte man entweder roh, getrocknet und gedämpft oder verarbeitete sie zu Most oder Konfitüre. Im Winter fütterte man das Vieh mit Heu und Äpfeln. Im Mittelalter fand der Apfel eine immer weitere Verbreitung und erfreute sich immer größerer Beliebtheit. Sowohl Äpfel als auch Apfelmost dienten sogar als Zahlungsmittel. Gelagert wurden die Äpfel auf verschiedene Arten im Keller – entweder in feinem weißem Sand vergraben, gestapelt und mit Stroh bedeckt oder in Fässern, wobei man zwischen die Lagen Stroh schichtete. Sehr schöne Exemplare hängte man an Kordeln im Gebälk auf, damit sie keinen Schaden nahmen. In Zeiten, in denen viele Menschen nach dem Genuss von Wasser erkrankten, galten fermentierte Getränke wie beispielsweise Apfelmost als überaus gesund und sicher. Darüber hinaus schätzte man den Apfelmost als Allheilmittel. Destillierter Most oder Apfelschnaps war so stark wie Cognac und besaß dieselbe antiseptische Wirkung. In dieses Gebräu legte man Kernobst wie Pfirsiche, Pflaumen und Kirschen ein. Der zu Essig umgeschlagene Most wurde schließlich zum Konservieren von Obst und Gemüse verwendet.

Den im September angesetzten Most konnte man im März trinken. Das Mosten war eine arbeitsintensive Angelegenheit, die ein bestimmtes Wissen voraussetzte. Die verschiedenen Apfelsorten gaben dem Most jeweils einen anderen Geschmack und verschiedene farbliche Nuancen. Oft waren mit den Sortenbezeichnungen historische Anspielungen und klangvolle Namen verbunden, wie die folgenden Beispiele aus den englischen Grafschaften Devon und Somerset zeigen: Black Hereford, Chibble's Wilding, Hangdown, Kingston Black, Lurley Bittersweet, Cadburry, Tremlett's Bitter, Sweet Elford, Tom Putt und Slack-my-girdle (Lockere meinen Gürtel). Die Mönche von Battle Abbey in Somerset verkaufen ihren überschüssigen Most heute noch an Interessenten.

Aufgrund religiöser Repressionen bildeten sich an anderen Orten neue Kirchen und mit den entsprechenden neuen Religionsgemeinschaften hielten auch neue Gartenbautechniken Ein-

LINKE SEITE:
Am Spalier gezogene Apfelbäume hinter der Kirche der Abbaye de Fleury, Saint-Benoît-sur Loire, Frankreich

zug. Die Vertreibung der Hugenotten aus Frankreich durch Ludwig XIV. im Jahr 1685 führte beispielsweise dazu, dass die Kultivierung von Äpfeln und das Mosten auch in die Neue Welt gelangte. Obgleich das Wasser in Amerika sauberer war, trank man auch dort gern Most – nicht zuletzt wegen des teilweise recht hohen Alkoholgehalts. Ein anderes in Klöstern anzutreffendes fermentiertes Getränk war Birnenmost. Zerstoßene Birnen wurden in Holzfässer gefüllt und die natürlichen Hefepartikel an der Schale der Früchte sorgten automatisch für die Gärung. Birnenmost schmeckte etwas süßer als Apfelmost und wurde zu den Mahlzeiten gereicht. Leider ist die Zahl der Birnen- und Apfelsorten in den letzten Jahren weltweit drastisch zurückgegangen. 1911 bot beispielsweise der alte australische Gartenbaubetrieb C. J. Goodman 132 verschiedene Birnensorten an – 1992 waren es nur noch acht! Dies ist eine typische Begleiterscheinung der Standardisierung, die auch in der obsterzeugenden Industrie Einzug gehalten hat. Das Ergebnis ist, dass

OBEN:
Die Nonnen der Abbaye de Notre-Dame des Gardes, St-Georges des Gardes, Frankreich, bereiten aus diesen Äpfeln Konfitüre.

man in vielen Geschäften kaum mehr als fünf Birnensorten findet: rote und gelbe Bartlett, grüne und rote Anjou sowie Boscs Flaschenbirne. Dasselbe gilt auch für den Apfel. Selten trifft man mehr als fünf gängige Sorten an und die sehen immer gleich aus, egal ob man sie in einem Supermarkt in Kalifornien, in New York, in England oder in Deutschland kauft, und sie schmecken immer gleich. Nehmen wir zum Beispiel einen Delicious, wie man ihn heutzutage in jedem Supermarkt findet: selbe Größe, selbe Farbe, selber Geschmack – ganz unabhängig von der Jahreszeit oder dem Ort. Der Apfel ist zur bekannten Größe geworden, Überraschungen – ganz gleich ob angenehme oder unangenehme – erlebt man nicht. Leider hat diese massive weltweite Kommerzialisierung sehr negative Folgen: Der Genpool verkleinert sich immer weiter und wir und unsere Kinder kommen nicht mehr in den Genuss der vielen alten schmackhaften Sorten, weil man sie in den Geschäften und auf den Märkten einfach nicht mehr findet.

LINKS:
In der Abbaye de Fleury, Saint-Benoît-sur-Loire, Frankreich, reifen Birnen am Baum.

In manchen Klöstern hat man erkannt, dass bestimmte Gene bald verschwunden sein könnten, und man widmet sich deshalb der Kultivierung alter Sorten, um sie für die Nachwelt zu erhalten. Hier schneidet man die Apfelbäume noch in der traditionellen Form, das heißt, man gibt ihnen die optisch ansprechende Schirmform, auch wenn diese die Ernte erschwert. In den Klöstern weiß man, dass alte Sorten sich schlechter vermarkten lassen als die gängigen, die standardisierten Sorten. Eine Schwester aus St. Mary's Abbey erklärte uns:

Die Menschen erwarten heute das Perfekte. Beim Pflücken bemühen wir uns, vorsichtig zu sein, doch wir müssen nicht so vorsichtig wie kommerzielle Anbieter vorgehen. Sobald ein Apfel eine winzige Druckstelle hat, kann man ihn nicht mehr verkaufen. Uns stört solch eine Druckstelle nicht. Ich glaube, das ist das wirklich Wichtige: Man kann zwar scheinbar perfekte Äpfel produzieren, doch bei der Herstellung fehlt das Essenzielle, das, was Stoff zum Nachdenken liefert.

In Klöstern wie in St. Mary's Abbey kultiviert man alte Sorten, weil man die

RECHTS:
Der Wind hat einen kleinen fruchttragenden Zweig vom Quittenbaum in der Abbaye de Notre-Dame des Gardes, St-Georges des Gardes, Frankreich, abgerissen.

spirituelle Dimension erkannt hat und weil man hier die Tradition schätzt, möglichst viele Sorten fortbestehen zu lassen. Dem liegt die Erkenntnis zugrunde, dass die göttliche Schöpfung selbst unendlich vielfältig ist wie auch die Menschen, die sozusagen den physischen Körper der Kirche ausmachen. Diese Vielfalt zu begrenzen ist wider die Natur, die uns Gott geschenkt hat. Wie weit wollen wir den Weg der Uniformität noch beschreiten, bis wir merken, was wir verloren haben?

In den meisten Klöstern trifft man heute noch einen großen Obstgarten an, auch wenn die Bäume oft sich selbst überlassen sind. Manchmal werden die Apfelbäume aufgrund ihres Zierwerts weiter gepflegt und in Form gehalten, wie zum Beispiel im Garten des walisischen Tymawr Convent. Doch Obstgärten bestehen meist auch dann noch fort, wenn die Gemüsegärten längst abgeschafft wurden – in der Regel liefern Obstbäume auch nach 50 Jahren eine gute Ernte. In den noch bewirtschafteten Obstgärten schneidet und pfropft man wie in den vergangenen

Saint-Péray

Jahrhunderten. Die Bäume werden von einer Generation an die nächste weitergegeben. In Einklang mit dem Zyklus des Kirchenjahres und den Jahreszeiten geben sie Früchte – jedes Jahr aufs Neue und doch schon so lange, wie das Kloster besteht.

ANDERES OBST

PFLAUMEN

Es ist ein Augenschmaus, wenn die Mönche von Solesmes Stiegen voller frisch gepflückter Pflaumen aus dem Garten in die Küche tragen. Keine Pflaume ist wie die andere, jede hat eine andere Form, eine andere Farbe – rot, purpurn, grün und gelb. Manche sind bereits aufgeplatzt, doch auch ihre Schale hat den typischen weißen Beschlag, der hier und da verwischt ist von den Händen der Mönche, die sie gepflückt haben. Aus den Stiegen steigt der Duft der köstlichen Früchte auf und die Augen der Mönche funkeln vor Freude über die reiche Ernte. Nach den Vespern werden sie die Pflaumen verzehren.

MISPELN

Der Mispelbaum *(Mespilus germanica)* kann bis zu 300 Jahre alt werden und ist daher in vielen Fällen der älteste Baum eines Klosterobstgartens.

Der Blüte entspringt die Frucht: Sie sieht aus wie ein sehr kleiner, kompakter Apfel. Die Mispel isst man roh oder verarbeitet sie zu Marmelade und Gelee. Im Mittelalter setzte man die reife Frucht roh oder in Form von Sirup zur Behandlung von Enteritis ein. Die Mispel wird nach dem ersten Frost geerntet.

QUITTEN

Die Quitte *(Cydonia oblonga)* ist eine alte, aus Asien und dem Mittelmeerraum stammende Art. Die frühe Blüte des Baumes läutet den Frühling ein. Die Früchte sehen wie eine Mischung zwischen Apfel und Birne aus, besitzen jedoch einen ganz eigenen Geschmack. Wenn sie reif sind, nehmen sie eine grüngelbe Färbung an. Quitten sind unregelmäßig geformt – weit davon entfernt, perfekt zu sein. Wie auch die Mispel mutet die Quitte recht mittelalterlich an. Auch wenn man sie dämpft, bleibt die Quitte sauer und fest. Dank ihres hohen Pektingehaltes eignet sie sich hervorragend für die Verarbeitung zu Marmelade. In St-Georges des Gardes gibt es einen wunderschönen Quittengarten zu besichtigen – die

LINKE SEITE:
Frisch gepflückte Pflaumen in der Abbaye Saint-Pierre, Solesmes, Frankreich

Ernte wird von den Nonnen eigenhändig weiterverarbeitet.

MAULBEEREN

Im Buch der Makkabäer, in den Apokryphen, wird berichtet, wie die Soldaten des Judas Makkabäus aus Maulbeeren und Trauben eine blutähnliche Flüssigkeit gewannen, um die Elefanten zum Kampf anzustacheln (1. Makkabäerbuch 6,34). Die Mörder des Thomas Becket trafen sich unter einem Maulbeerbaum an der Christ Church zu Canterbury, um sich ihrer Mäntel zu entledigen. Die blutroten, schwärzlich überhauchten Früchte des Maulbeerbaums symbolisieren von jeher die Leiden Christi.

In Klöstern – im Ziergarten ebenso wie im Obstgarten – findet man zwei verschiedene Maulbeerarten. Die Blätter des Weißen Maulbeerbaumes *(Morus alba)* sind die Leibspeise der Seidenraupen, während die großen dunklen Früchte des Schwarzen Maulbeerbaumes *(Morus nigra)* roh und in Form von Wein oder Marmelade verzehrt werden können. Der dunkelpurpurne Saft der

LINKS:
Ein Kirschbaum in voller Blüte in der Little Portion Friary, New York

RECHTS:
Bienenstöcke in der Abbaye de Notre-Dame des Gardes, St-Georges des Gardes, Frankreich produzieren die Nonnen ihren eigenen Honig.

Maulbeere wird noch heute als Farb- und Aromastoff verschiedensten Arzneimitteln zugesetzt.

KIRSCHEN

Die wunderschönen Blüten der Kirsche sowie die außergewöhnliche Rinde des Stammes machen den Zierwert dieses Baumes aus. Doch ist es die Frucht, die für die Klöster so bedeutsam war. Die Kornelkirsche *(Cornus mas)* bezaubert im zeitigen Frühling durch ihren gelben Blütenschleier und bringt rote oder gelbe Früchte hervor, die länglichen Oliven ähneln. Als Zierpflanze war sie in Parks und Gärten immer beliebt. Die Süßkirsche *(Prunus avium)* ist der Ausgangspunkt für die meisten modernen Hybriden.

Für die Christen symbolisiert die Kirsche den süßen Charakter der Früchte guter Werke: Hält das Christuskind auf Gemälden die Kirsche in den Händen, steht sie für die Wonne des Gebenedeiten. Sowohl die Kornelkirsche als auch die Süßkirsche werden bereits in Karls des Großen Werk »Capitulare« erwähnt.

FEIGEN

In warmen Regionen schätzt man den Feigenbaum *(Ficus carica)* wegen seiner Früchte und dem Schatten, den er spendet. Der Feigenbaum taucht in der Bibel mehrfach auf, zum ersten Mal im Garten Eden, wo Adam und Eva sich ihrer Nacktheit bewusst geworden mit Feigenblättern bedeckten (Genesis 3, 7). Das Alte Testament berichtet von einem Kuchen aus gepressten Feigen, der Reisenden als Proviant diente (1 Samuel 25, 18). Im Neuen Testament verflucht Jesus unmittelbar vor der Tempelreinigung einen Feigenbaum: Auf dem Weg zum Tempel von Jerusalem, wo er die Tische der Geldwechsler umstieß und die Händler vertrieb, sprach Jesus zu einem Feigenbaum, der zwar Blätter trug, aber keine Früchte: »Von dir soll nie mehr jemand Feigen essen« (Markus 11, 12–20). Als sie am nächsten Tag wieder an dem Feigenbaum vorbeikamen, sahen sie, dass er bis zu den Wurzeln verdorrt war. Als ihn seine erstaunten Jünger dazu befragten, erteilte Jesus ihnen eine Lektion in Sachen Gottesglauben.

LINKS:
In der Abbaye von En Calcat, Dourgne, Frankreich, hält ein Mönch frisch gepflückte Feigen in Händen.

RECHTS:
Pflaumen am Baum

Von Beginn an kultivierte man innerhalb der Klostermauern Feigen – etwas Köstlicheres als die reifen Früchte kann man sich kaum vorstellen. Selbst in England, wo man die Bäume vor Frost schützen muss, geben Feigen an geschützten, nach Süden ausgerichteten Mauern oft eine reiche Ernte.

Ein Fotograf, der im Garten der französischen Abtei Sainte-Scholastique Aufnahmen machte, bekam von einer Schwester, die seit ihrem Eintritt in den Orden im Garten tätig war, eine Verpflegungstasche mit auf den Weg. Sie stellte die Tasche im Garten ab und ließ den Fotografen allein an diesem wunderschönen Ort, den zuvor nur wenige Außenstehende zu Gesicht bekommen hatten. Nachdem der Fotograf eine gute halbe Stunde nach dem besten Ausgangspunkt für seine Aufnahmen gesucht hatte, stellte er schließlich sein Stativ auf – und bemerkte, dass es genau die Stelle war, an der die Nonne die Provianttasche abgestellt hatte. Neben Saft und frischen Feigen enthielt die Tasche eine Lektion in Sachen Demut.

WEINE UND LIKÖRE

Sowohl in Karls des Großen »Capitulare« als auch in den Schriften der Hildegard von Bingen werden schon zu einem sehr frühen Zeitpunkt Äpfel und Birnen, Pflaumen und Mispeln, Maulbeeren und Feigen, Quitten, Pfirsiche und Kirschen erwähnt. Doch die wohl zentralste Frucht der christlichen Symbolik ist die Traube – sowohl in Form der Rebe, an der sie wächst, als auch in Gestalt des Weines, zu dem sie wird.

Am Vorabend seines Todes gab Jesus seinen Jüngern Brot und Wein als Zeichen seines Leibes und seines Blutes, das er am Kreuz opfern würde – im christlichen Glauben das Zeichen der göttlichen Vergebung der Sünden. Dies ist die Essenz des christlichen Glaubens. Im Rahmen der Eucharistie, der Feier des heiligen Abendmahls, rufen sich die Christen das letzte Abendmahl Jesu in Erinnerung, bei dem Brot und Wein verzehrt wurden. Das Ritual der heiligen Kommunion ist so alt wie die Christenheit selbst. Die frühen Christen begingen es bei sich zu Hause oder in privaten Versammlungsräumen. Erst nach der Legalisierung des Christentums durch Kaiser Konstantin im Jahr 312 feierte man die heilige Kommunion öffentlich in Kirchen und Klöstern. Die Eucharistie hat eine doppelte spirituelle Bedeutung: eine sakramentale und eine symbolische, die für Christus und die Heilige Dreifaltigkeit steht. Die Christen glauben, durch die heilige Kommunion den Leib Christi zu empfangen und in dem Ausmaß ihres Glaubens die Liebe Gottes zu seinem Sohn zu spüren.

Auch schon vor dem letzten Abendmahl spielen die Rebe und ihre Früchte sowohl in der Lehre Jesu als auch im Alten Testament eine bedeutende Rolle. Das erste Wunder Jesu bestand in der Verwandlung von Wasser zu Wein bei der Hochzeit in Kanaa (Johannes 2, 1–10). Die duftenden Blüten der Reben spiegeln die Poesie der Liebe wider (Hohelied 2, 13) und symbolisieren Fruchtbarkeit (Hohelied 7, 12). In seiner Parabel von den Pächtern verwendet Jesus die Allegorie des Weinbergs (Markus 12, 1–10), ebenso im Gleichnis von den Arbeitern im Weinberg (Matthäus 20, 1–16). In einer anderen Parabel vergleicht er sich selbst mit dem Weinberg:

Ich bin der wahre Weinstock und mein Vater ist der Weinbauer. Er entfernt jede Rebe an mir, die keine Frucht bringt;

LINKE SEITE:
Reben mit Weintrauben in der Abbaye Saint-Pierre, Solesmes, Frankreich

aber die fruchttragenden Reben reinigt er, damit sie noch mehr Frucht bringen. (Johannes 15, 1–2)

Da Weinberg und Wein als Gaben Gottes betrachtet werden, verbindet man sie mit Ruhe und Frieden. Die Zerstörung des Weinbergs oder das Ausbleiben der Trauben wurden als Omen für Tod und Verderben verstanden. In der Bibel wird in diesem Zusammenhang auch auf das enge Nebeneinander von Gut und Böse hingewiesen: Das Holz der Reben ist nutzlos und nur gut zum Verbrennen und ein Übermaß an Wein kann in den Ruin führen.

Die Wüstenväter träumten von Trauben als himmlischer Belohnung für ihre Tugenden. Auf Erden galten Trauben als große Delikatesse. Einer Legende zufolge bekam Vater Makarius, einer der Schüler des heiligen Antonius, frische Trauben geschenkt. Obwohl er sich nach ihnen verzehrte, gab er sie an einen anderen weiter, dieser reichte sie ebenfalls weiter und so ging es weiter, bis die Trauben die Runde

OBEN:
Der Innenhof des Kreuzganges und die umliegenden Ländereien der Abbaye de Notre-Dame, Le Bec Hellouin, Frankreich

gemacht hatten und wieder bei Makarius ankamen. Er dankte Gott für die Kraft und Stärke seiner Brüder und die Trauben blieben unangetastet.

✠

Die Geschichte des Weinbaus reicht im Nahen Osten und in Ägypten bis in die Jungsteinzeit zurück (8500 bis 4000 v. Chr.). Im Nildelta und in Palästina florierten um 2700 v. Chr. der Weinbau und die Kunst des Kelterns. Durch die Römer gelangte dieses Wissen später nach Westeuropa. In den Klöstern hütete man über viele Jahrhunderte das theoretische Wissen wie auch die praktischen Fertigkeiten des Kelterns. Bis zur Französischen Revolution befanden sich die größten und besten Weinberge Frankreichs im Besitz der Kirche. Als man das Zisterzienserkloster Citeaux im Jahr 1791 verkaufte, verfügte es über fast 5000 Hektar Landbesitz, ein Großteil davon Weinberge, aus denen später die Burgunder-Weine von Clos-Vougeot und Romanée hervorgingen. Auch in der Abtei von Cluny stellte man außerge-

wöhnlich gute Weine her. Und selbst im England des 13. Jahrhunderts kannte man die Kunst des Kelterns, wenngleich die englischen Weine niemals die Qualität der französischen, italienischen und spanischen erreichten. In einigen deutschen und österreichischen Weinbezeichnungen taucht noch heute das Wort Mönch auf und erinnert an die Ursprünge. Dasselbe gilt für französische Weine mit der Bezeichnung Moines (Mönche), Pères oder Mères. Selbst in Amerika geht die Weinherstellung auf klösterliche Ursprünge zurück, insbesondere in dem kalifornischen Weinbaugebiet Napa Valley, wo spanische Franziskanermönche die ersten Weinberge anlegten. Noch heute gibt es hier einen Wein mit dem Namen Christian Brothers (Christliche Brüder).

Der Weinbau ist eine komplizierte Angelegenheit, denn er verlangt Wissen um das Pfropfen und die Veredelung der Reben, ein Gespür für das richtige Maß an Wasser und den Raum zwischen den einzelnen Rebstöcken, Wissen um den Schutz der Reben vor Pilzerkrankungen, Vogelfraß und Frost und schließlich ein Gespür für den richtigen Zeitpunkt der Ernte. All dies lässt eine enge Beziehung zwischen dem Winzer und seinen Reben entstehen, die ihren Höhepunkt in der körperlich anstrengenden Ernte, der Lese,

LINKS:
Ein Obstgarten mit Kiwis in der Abbaye de Notre-Dame des Gardes, St-Georges des Gardes, Frankreich

RECHTS:
Wo ein Sturm einen Baum gefällt hat, wachsen nun Fingerhüte in Saint Mary's Abbey, West Malling, Kent, England.

findet, die zugleich Ausdruck und greifbarer Beweis des Wunders dieses Lebens ist. Daher ist es überaus passend, dass man mit dem ersten Wein der neuen Lese Erntedankfeste begeht, wie beispielsweise das Fest des heiligen Martin von Tours am 11. November – zu dieser Feier trinkt man den Sankt-Martins-Wein. In Nordamerika begingen die Pilgerväter ihr erstes Thanksgiving-Fest mit dem Wein, den ihnen die wilden Reben spendeten.

Die im Jahr 360 im französischen Liguge von dem Einsiedler Sankt Martin gegründete Benediktinerabtei ist nach wie vor für ihren Rotwein bekannt. Auch andere französische Klöster verkaufen ihren Rotwein, zum Beispiel die Abtei Rougan im Languedoc sowie St. Etienne de Lugdares. Der vielleicht bekannteste klösterliche Likör stammt aus Grande Chartreuse in Voirons – auf der Suche nach dem »Elixier für ein langes Leben« stellte man hier im Jahr 1605 den ersten grünen Likör her. Heute produzieren die Mönche drei verschiedene Sorten: einen grünen, einen gelben und einen himbeerroten Likör. Für jede Sorte werden rund 130 Zutaten benötigt, in vierjähriger Lagerzeit erlangt das Gebräu Reife. Auf der südlich von Cannes gelegenen Klosterinsel Lerins werden Liköre namens »La Lerina« und »La Senacole« hergestellt und auch die Trappistengemeinschaft von Aigue-

belle hat einen feinen Likör zu bieten. Auch in anderen französischen Klöstern, wie etwa in Solesmes, wird Weinbau betrieben, oft allerdings nur für den Eigenbedarf.

Hand in Hand mit Weinbau und Obstgärten geht oft die Imkerei, denn die Blüten müssen ja bestäubt werden. Zahlreiche Klöster haben sich auf dem Gebiet der Imkerei perfektioniert. Ein herausragendes Beispiel hierfür ist Buckfast Abbey im Dartmoor in Devon. Bruder Adam ist Autor des Werkes *In Search of the Best Strains of Bees.* Er bereiste Westeuropa und Asien, um Bienen und die Imkerei zu studieren, und er entwickelte eine eigene Honigverarbeitungsanlage. Außerdem erfand er für die klösterlichen Bienen, die im nahe gelegenen Dartmoor ausschließlich den Pollen des Heidekrauts sammeln, spezielle Bienenkörbe.

OBEN:
Bienenstöcke in der Abbey of Gethsemani, Kentucky, USA, wo die Mönche ihren eigenen Honig gewinnen.

Honig wird traditionell zur Herstellung von Met verwendet, eines alkoholischen, aus fermentiertem Honig und Wasser bestehenden Getränks. Varianten entstehen durch das Hinzufügen von Gewürzen wie Ingwer, Zimt, Nelken und Rosmarin oder durch das Versetzen mit Apfelsaft oder Obst. Die Geschmacksrichtungen variieren von süß bis herb, doch sind diese Gebräue erstaunlich stark. Vor ihren verheerenden Raubzügen durch Britannien im 8. Jahrhundert tranken die Wikinger Met, wie er noch heute in Lindisfarne auf der Insel Farne vor der Küste Northumberlands hergestellt wird. Farne ist auch als heilige Insel des St. Aidan bekannt, eines irischen Mönchs und Bischofs, der im Jahr 635 von Iona auf die Insel kam und von hier aus Northumberland bekehrte.

6

DER GARTEN ALS LETZTE RUHESTÄTTE

EIN MÖNCH FÜHRT DIE BESUCHER DER ABBAYE D'EN-CALCAT DIE PLATANENALLEE ENTLANG UND BIEGT AM ENDE DER ALLEE IN EINEN HECKENGESÄUMTEN BEREICH AB. »ICH MÖCHTE IHNEN EINIGE MEINER FREUNDE VORSTELLEN«, SAGT ER UND DEUTET AUF DIE SCHLICHTEN STEINE. AUCH WENN AUF DEN STEINEN NUR NAMEN UND DATEN ZU LESEN SIND, SPRICHT DER MÖNCH MIT SOLCH GROSSER VERTRAUTHEIT UND LEBENDIGKEIT VON SEINEN VERSTORBENEN BRÜDERN, DASS SIE DEM BESUCHER ÜBERAUS PRÄSENT ERSCHEINEN. DEM BESUCHER WIRD BEWUSST, DASS KLOSTERMITGLIEDER AUCH IM TOD EIN WICHTIGER BESTANDTEIL DER GEMEINSCHAFT SIND UND DASS IHRE LETZTE RUHESTÄTTE GERN VON DEN LEBENDEN BESUCHT WIRD, DIE HIER ÜBER DAS WIRKEN JENER REFLEKTIEREN, DIE VOR IHNEN VON DIESER WELT GEGANGEN SIND.

VORHERGEHENDE DOPPELSEITE:
In den Friedhofsgarten der Abbaye de Notre-Dame des Gardes, St-Georges des Gardes, Frankreich, wurden nur rote Rosen gepflanzt.

RECHTE SEITE:
Der alte Begräbnisplatz der Stanbrook Abbey, Worcester, England

FÜR DIE **GLÄUBIGEN** IST

NEUES HAUS. ER IST DER

Und es ist eine fröhliche Reflexion. Nach der Beerdigung einer Schwester bemerkte eine Nonne aus einem anderen Kloster: »Der Tod ist Sieg und Triumph, er ist eine Auszeichnung.« Für die Gläubigen ist der Tod wie der Umzug in ein neues Haus. Er ist der Triumph eines erfüllten Lebens, das einen Gott näher gebracht hat, ein glückliches Ereignis – kein Ende, sondern nur ein Übergang. Beerdigung und Totenmesse sind nur für die Lebenden gemacht – der Tod muss nicht verborgen werden.

Wie so vieles im klösterlichen Leben spiegelt auch diese Sichtweise jahrhundertelange Erfahrung wider. In unserer heutigen säkularen Gesellschaft findet der Tod meist weit weg von zu Hause statt – oft im Krankenhaus, zwar in Anwesenheit der Angehörigen, doch häufig »unter Aufsicht« von Ärzten und Pflegepersonal. Einem solchen Ende stehen wir angstvoll, hilflos oder gar peinlich berührt gegenüber. Der Tod ist eine Pflicht, die wir am liebsten nach dem Motto »Augen zu und durch« absolvieren würden. Wir neigen dazu, das Thema Tod von unseren Kindern fern zu halten, und selbst dem Sterbenden gegenüber versuchen wir zu verheimlichen, was mit ihm passiert – in dem Glauben, ihm dadurch zusätzlichen Schmerz zu ersparen.

Im Mittelalter besaß der Tod einen anderen Stellenwert. Der Tod wurde weder beschönigt noch unter den Teppich gekehrt. Im Gegenteil, man half den Sterbenden, sich mental und spirituell auf den Tod vorzubereiten. Man ermutigte sie, den Außenstehenden mitzuteilen, was von ihnen erwartet wurde. Die Menschen starben meist in ihrem eigenen Bett, auf dem Rücken liegend, das Gesicht gen Himmel gewandt, umgeben von der Familie und

GANZ OBEN:
Grabkreuz in der Abbaye Saint-Pierre, Solesmes, Frankreich

OBEN:
Kreuze der Holy Cross Abbey, Virginia, USA

LINKS:
Grabkreuz an der Burford Priory, Oxon, England

DER **TOD** WIE DER UMZUG IN EIN **TRIUMPH** EINES ERFÜLLTEN LEBENS...

anderen Nahestehenden – auch Kinder waren dabei. Im Gegensatz zu den modernen Krankenhäusern waren in den Räumen der Sterbenden die Lebenden willkommen.

Die psychologische Vorbereitung der Sterbenden bestand aus einem inneren Prozess der Trauer und des Abschieds. Die Sterbenden wurden in aller Ruhe darauf vorbereitet, das Leben und die geliebten Menschen hinter sich zu lassen. Nach diesem Schritt wandte sich der Sterbende an die um ihn versammelten Menschen, vergab ihnen den Schmerz, den sie ihm möglicherweise zugefügt hatten, und bat seinerseits um Vergebung. Hatte der Todgeweihte mit der physischen Welt um sich herum abgeschlossen, wandte er sich Gott zu, beichtete öffentlich seine Sünden und betete um Einlass in das Paradies. Fühlte der Sterbende den Tod näher kommen, erteilte der Priester die Absolution, sang Psalme und versprengte Weihwasser. So vorbereitet erwartete der Sterbende in aller Ruhe den Tod. Kam der Tod außerhalb des häuslichen Umfelds, beispielsweise unterwegs oder auf dem Schlachtfeld, ersetzte der Boden das Bett. Der Sterbende wandte sich gen Jerusalem und bekreuzigte sich oder breitete die Arme weit aus.

Wir Angehörige der säkularen Gemeinschaft müssen uns keine Gedanken darüber machen, wo auf unserem Grundstück wir die Toten bestatten. Diese Frage stellt sich höchstens bei kleinen Haustieren. In den Klöstern ist dies indes eine ernste Frage. Die Lösung besteht in den meisten Fällen darin, einen speziellen Bereich zu bestimmen, der – meist abgegrenzt durch eine niedrige Hecke oder ein Zäun-

GANZ OBEN:
Grabkreuz an der Abbaye de Fleury, Saint-Benoît-sur-Loire, Frankreich

RECHTS:
Kruzifix an der Stirnseite des Friedhofgartens in Saint Mary's Abbey, West Malling, Kent, England

chen – zentral auf dem klösterlichen Anwesen gelegen ist, sodass ihn die lebendigen Mitglieder der klösterlichen Gemeinschaft leicht erreichen können.

In Saint-Benoît-sur-Loire bewahrt man die sterblichen Überreste des Klostergründers, des heiligen Benedikt, in einer Krypta unter dem Altar der Kirche auf. Entsprechend dem Wunsch, »ad sanctos«, also möglichst nah bei den Märtyrern und Heiligen bestattet zu werden, befinden sich die Gräber der Mönche entlang der Außenmauern der rund angelegten Basilika. Alle Kreuze sind gleich groß und gleich gestaltet. Sie tragen eine kleine Tafel mit dem Namen des bestatteten Mönches und dem Sterbedatum. In manchen Klöstern, wie etwa in Solesmes, sind jedem Kreuz mehrere Mönche zugeordnet. In der Abtei von Bellefontaine im französischen Begrolles-en-Mauges befindet sich der Friedhof inmitten des Klostergartens, also im Herzen der Anlage, wo ihn jeder jederzeit und zu jeder Gelegenheit vor Augen hat.

Nicht in allen Klöstern folgt man dieser Norm – manchmal befindet sich der Friedhof auch an einem landschaftlich besonders schönen Fleckchen, wie es in der Abtei von Notre-Dame im französischen Le Bec Hellouin der Fall ist. Hier hat man vom Friedhof aus einen wunderschönen Blick über ein Tal, das mit Pappeln bewachsen ist und in dem die Kühe

LINKE SEITE:
Der Friedhofsgarten der St. Joseph's Abbey, Spencer, Massachusetts, USA

RECHTS:
In der Abbaye de Fleury, Saint-Benoît-sur-Loire, Frankreich, umschließt der Friedhof halbkreisförmig die Krypta, in der sich das Grab des heiligen Benedikt befindet.

weiden. Der Ort befindet sich auf halbem Weg zwischen der Abtei und dem Schwesternkonvent von Sainte-Françoise Romaine. In der Mitte des Friedhofes steht ein Granitkreuz. Auf der einen Seite des Kreuzes werden die Mönche, auf der anderen Seite die Nonnen bestattet. Auch hier sind alle Kreuze gleich – so gleich wie wir Menschen im Angesicht Gottes. In seiner Schlichtheit und Würde ist dies ein außergewöhnlich schöner Ort.

Normalerweise waren rote Rosen und Alpenveilchen die einzigen Pflanzen auf einem Friedhof. Alpenveilchen besitzen im Christentum eine besondere Symbolik. Die Pflanze ist als »blutende Nonne« bekannt und der rote Fleck in der Mitte der Blüte, die sich wie der Kopf eines Trauernden neigt, erinnert an das Leid der Heiligen Jungfrau. Die rote Rose symbolisiert indes das Märtyrertum.

Auf dem älteren der beiden Friedhöfe von Stanbrook Abbey in England, der von 1838, dem Gründungsjahr der Abtei, stammt, beranken Rosen und Waldreben die roten Ziegelmauern, während auf den Rabatten Pfingstrosen, Schwertlilien, Mohn, Goldlack

LINKS:
Der Friedhof der Abbey of Gethsemani, Kentucky, USA, wo der Schriftsteller Thomas Merton begraben ist.

RECHTS:
In der Abbaye von Bellefontaine, Begrolles-en-Mauges, Frankreich, liegt der Friedhofsgarten im Innenhof des Kreuzganges.

und Roter Baldrian blühen. Dies ist die letzte Ruhestätte der Nonnen, die 1795 aus Frankreich hierher kamen. Ein moderner, »ordentlicher« Friedhof ist gegenwärtig im Bau. Als Hintergrund für das Kruzifix, auf das alle Grabsteine weisen, planen die Nonnen einen Gehölzgarten.

Der Friedhof der Abbey of Gethsemani in Trappist, Kentucky, schlängelt sich um einen auf Pfeilern ruhenden Damm oberhalb eines Tales. Unter den weißen Kreuzen ruht der Trappistenmonch und Schriftsteller Thomas Merton. Er starb unter seltsamen Umständen während der Teilnahme an einem buddhistisch-christlichen Treffen in Bangkok in der Adventszeit des Jahres 1968. Offenbar kam er durch einen Stromschlag, verursacht von einem elektrischen Ventilator, ums Leben. Große Stille machte sich im Refektorium breit, nachdem der Abt Flavin am 16. Dezember jenes Jahres den Tod des Bruders Thomas bekannt gegeben hatte. Merton war Dichter und Autobiograph und hatte sich auch gegen den Rüstungswettlauf und die soziale Ungerechtigkeit ausgesprochen. Als gläubiger Mensch hatte er zwar die Gesell-

schaft innerhalb wie auch außerhalb der Klostermauern infrage gestellt, aber er respektierte bei seinen schriftstellerischen Aktivitäten die Beschränkungen, die ihm sein Abt auferlegt hatte.

Einer der Brüder spricht mit tiefem Respekt von ihm. Er erinnert sich, wie ihn Merton während seiner Zeit als Eremit eines Tages bat, die heilige Messe mit ihm zu feiern:

Es war das Schönste, was ich jemals gehört habe, obwohl es ganz schlicht und einfach war. Merton beherrschte das Lateinische sehr gut, er wusste um den Rhythmus und die Schönheit der Sprache, während ich nur die Antworten kannte. Nichts und niemand konnte ihn aufhalten. Es sprudelte einfach so aus ihm heraus und es war wundervoll.

Dieser Mönch hätte sich gewünscht, mehr Zeit mit Merton verbringen und mehr von ihm lernen zu dürfen. Doch er akzeptierte seinen plötzlichen Tod:

Seine Zeit war gekommen und der Herr hat ihn zu sich geholt. Wahrscheinlich war es der richtige Zeitpunkt, denn Merton ist heute bekannter als jemals zuvor. Nur we-

OBEN:
Von der Begräbnisstätte der Abbaye de Notre-Dame, Le Bec Hellouin, Frankreich, schaut man über ein fruchtbares Tal; auf der einen Seite des Granitkreuzes werden die Mönche zur letzten Ruhe gebettet, auf der anderen Seite die Nonnen.

nige Menschen vereinen so viele Kategorien in einer Person. Merton konnte es, und er konnte es, weil er sich ganz und gar auf Christus zentrierte.

Sogar Mertons Begräbnis verstieß gegen die Norm: Mönche werden normalerweise in ihrem Habit und ohne Sarg beerdigt, doch Mertons Leichnam wies derart schlimme Verbrennungen auf, dass eine Ausnahme gemacht wurde.

Von dem Friedhof von Gethsemani hat man einen herrlichen Blick auf das Tal und die sich dahinter erhebenden Wälder. Mertons Kreuz sieht wie all die anderen aus und doch erkennt man es auf den ersten Blick. Ringsherum steht kaum noch Gras, weil viele Besucher es ausreißen und als Erinnerung mit nach Hause nehmen. »Oft sagte er: ›Wenn ich die Gänseblümchen von unten betrachte, bin ich ohnehin nicht mehr hier‹«, erinnert sich der Mönch leise lächelnd. Klosterfriedhöfe sind für die Mitglieder der Gemeinschaft ein überaus lebendiger Ort, ein Ort, an dem die Zuneigung und Freundschaft, die während jahrelanger gemeinsamer Arbeit und gemeinsamen Gebets gewachsen ist, weiterlebt.

7

DER GARTEN DES GÄSTE-HAUSES

EINES DER WICHTIGSTEN ANLIEGEN EINES KLOSTERS IST DIE GASTFREUNDSCHAFT. DER HEILIGE BENEDIKT DRÜCKT ES IN SEINEM REGELWERK SO AUS: »ALLE FREMDEN, DIE KOMMEN, SOLLEN AUFGENOMMEN WERDEN WIE CHRISTUS; DENN ER WIRD SAGEN: ›ICH WAR FREMD UND IHR HABT MICH AUFGENOMMEN‹.« (53,1) DIESE OFFENHEIT IST DER SÄKULAREN WELT NICHT ENTGANGEN, DENN IN VIELEN KLÖSTERN MÜSSEN DIE GASTZIMMER LANGE IM VORAUS RESERVIERT WERDEN. DOCH KLÖSTER SIND KEINE HOTELS. SIE SIND ZUFLUCHTSORTE, AN DIE SICH MENSCHEN ZURÜCKZIEHEN KÖNNEN, WENN SIE ABSTAND ZU IHREM TÄGLICHEN LEBEN BRAUCHEN. MANCHE KLÖSTER BIETEN WOCHENENDSEMINARE AN, IN DEREN MITTELPUNKT HÄUFIG EIN BESTIMMTES THEMA STEHT. ANDERE KLÖSTER BIETEN EINFACH NUR EINE UNTERKUNFT.

VORHERGEHENDE DOPPELSEITE UND RECHTE SEITE:
Im Garten des Gästehauses des Tymawr Convent, Gwent, Wales, finden sich farbenfrohe Rabatten und ein tief liegender viktorianischer Garten.

DIE GÄSTEZIMMER SIND IN JEDEM FALL **SCHLICHT**

WIE MAN BRAUCHT, UM ZU **ATMEN,**

Die Gästezimmer sind in jedem Fall schlicht und ruhig, sie bieten gerade so viel Platz, wie man braucht, um zu atmen, zu ruhen und zu meditieren.

Auch wenn sich der Gästetrakt und der dazugehörige Garten meist auf dem Klostergelände befinden und die Gäste Zutritt zur Kapelle und zum Refektorium haben, bleibt das Kloster selbst den Gästen in der Regel verschlossen. Der heilige Benedikt hatte verfügt, dass die Mönche nicht ohne ausdrückliche Erlaubnis ihres Abtes mit den Besuchern sprechen dürfen. Diese Bestimmung wird heute von jedem Kloster individuell ausgelegt. Doch gilt nach wie vor die Regel, dass sich die Mönche nicht unter die Besucher mischen oder umgekehrt. Die notwendige Ausnahme bildet natürlich die Nonne beziehungsweise der Mönch, die oder der für die Betreuung der Gäste verantwortlich ist, die Zimmerbuchungen entgegennimmt, die Gäste bei ihrer Ankunft empfängt und spezielle Anfragen an den Abt oder die Äbtissin weiterleitet.

Die Menschen fühlen sich aus verschiedenen Gründen von Klöstern angezogen. Manche sind auf einer spirituellen Suche und hoffen, bei denjenigen eine Antwort zu finden, die das Weltliche hinter sich gelassen haben, um sich auf die fundamentalen Themen des Lebens zu konzentrieren. Bruder Michael, der Verantwortliche für die Gäste des Klosters Solesmes, hat beobachtet, dass die Fragen der Menschen oft in der Ruhe des Gartens klare Formen annehmen:

Im Garten gehen in den Menschen viele Dinge vor. Hier wird ihnen klar, dass bei uns etwas Besonderes passiert. Nicht

GANZ OBEN:
Fenster der Abbaye von En Calcat, Dourgne, Frankreich

UND **RUHIG**, SIE BIETEN GERADE SO VIEL PLATZ,

ZU **RUHEN** UND ZU **MEDITIEREN**.

immer können sie klar erfassen, was es ist, aber sie spüren, dass da etwas ist.

Der Gästegarten von Solesmes besteht aus mehreren Bereichen. Jeder dieser »Räume« besitzt zwei bis drei Sitzplätze. Hier findet der Gast die Ruhe, die er sucht, hier kann er lesen, sich mit anderen unterhalten und hier vermitteln die Mönche den Besuchern spirituelle Erfahrungen. In der Mitte des Gartens liegt ein kleiner Teich mit einem sanft plätschernden Springbrunnen, bewacht von einer Statue der Heiligen Mutter Gottes mit ihrem Kind. Den Teich umgeben Wandelröschen in Töpfen, an der dahinter liegenden Wand ergießt sich eine Kaskade pinkfarbener Rosen. Die Vögel zwitschern, man hört gedämpfte Stimmen und das Läuten der Glocken. Ab und an dringen Geräusche aus dem Dorf über die Mauer, oder man hört ein Motorrad oder einen Lastwagen vorbeifahren. Man fühlt sich wie auf einem Boot, das den Anker gelichtet hat und langsam die hektische Welt hinter sich lässt.

Das Gästehaus des Tymawr Convent in Wales ist umgeben von den Überresten eines viktorianischen Gartens. Das einst üppig bepflanzte Areal erwies sich als zu arbeitsintensiv und so wurde die Bepflanzung nach und nach ausgedünnt – doch der Zauber dieses Ortes blieb erhalten. Farne und Moos überziehen die Mauer aus grob behauenen Granitsteinen, die den zentralen Bereich mit dem herzförmigen Teich umgibt. Hier blühen purpurne Akelei *(Aquilegia vulgaris)* und sattgelber Scheinmohn *(Meconopsis cambrica)*. Verborgen hinter den Farnen steht ein Granitkreuz mit einem keltischen Kruzifix. Sozusagen ein Gegengewicht

GANZ LINKS, OBEN UND RECHTS:
Vier Türen der Burford Priory, Oxon, England

zu diesem grünen Ort bildet der Garten jenseits des Gästehauses. Er ist wunderbar bunt – hier blühen Türkischer Mohn, Storchschnabel, Lupinen, Nelken, Goldlack, Frauenmantel, Schwertlilien und Fingerhut.

Die Gärten der Gästehäuser in der Neuen Welt sind nicht weniger schön. Mepkin Abbey ist ein gutes Beispiel dafür. Das Kloster befindet sich auf dem Areal einer ehemaligen Reisplantage am Ufer des Cooper River in der Nähe von Charleston im amerikanischen Bundesstaat South Carolina. Das Anwesen gehörte einst Henry und Clare Booth Luce, die den Landschaftsarchitekten Loutrel Briggs mit der Gestaltung des Gartens beauftragten. Mrs. Luce, die eine große Bewunderin der Werke von Thomas Merton war, schenkte ihren Besitz dem Bischof von Charleston und ermöglichte Gethsemani die Gründung einer neuen Abtei. Die Mönche haben den Garten erhalten – zu ihrer eigenen Erbauung und der ihrer Gäste. Mächtige, von Flechten und Moosen bewachsene Eichen bilden den Hintergrund für den in drei Bereiche unterteilten formalen Garten, in dem Kamelien und Azaleen zu bewundern sind und von wo aus sich dem Betrachter ein herrlicher Blick auf den sich träge dahinwälzenden Fluss bietet, der seit Generationen

LINKE SEITE:
Garten mit gemischter Bepflanzung, der zum Gästehaus der Abbaye Saint-Pierre, Solesmes, Frankreich, gehört.

RECHTS:
Am ursprünglichen Gästehaus in Solesmes rankt sich Wein an den Wänden hoch.

LINKS:
Gästehaus der Burford Priory, Oxon, England

UNTEN:
Eine Bank am Teich im tief liegenden viktorianischen Garten am Gästehaus des Tymawr Convent, Gwent, Wales

die Heimat von Blaureihern und Alligatoren ist.

Die Gärten der Gästehäuser sind sehr unterschiedlich, und doch ist jeder von ihnen ein Ort, an dem man die Welt vergisst, ein Ort, an dem die Schönheit, die Stille und der Frieden regieren. In vielen dieser Gärten trifft man – wie in den Gärten typischer Landhäuser – Stauden an. Häufig sind diese Gärten sorgfältiger bepflanzt und besser gepflegt als die übrigen Klosteranlagen. Regelmäßig wiederkehrende Gäste möchten dem Kloster etwas von dem, was sie erhalten haben, zurückgeben und machen sich im Garten nützlich – zu tun gibt es in einem Garten immer viel. Bruder William vom Holy Cross Monastery in West Park, New York, berichtete uns erfreut, der Garten des Gästehauses besitze seit kurzem einen »Anwaltsweg« – zwei Anwälte hatten sich bereit erklärt, den Weg von Unkraut zu befreien.

Vieles deutet darauf hin, dass die Gärten der Gästehäuser innerhalb der Klöster auf eine lange Tradition zurückblicken. Archäologische Studien in

RECHTS:
Vorübergehende Unterkunft für Obdachlose in der Abbaye Saint-Martin, Liguge, Frankreich

Rievaulx, Kirkstall, Fountains Abbey und Thornholme Priory haben ergeben, dass die Gästehäuser schon recht bald nach der Fertigstellung der Kapelle erbaut wurden. Das zeigt, wie wichtig es der klösterlichen Gemeinschaft jener Tage war, sowohl gewöhnlichen Reisenden als auch Pilgern Unterschlupf zu gewähren. Wir wissen nicht, wie verbreitet bei den mittelalterlichen Gästehäusern Gärten waren, doch jene Klöster, in denen dem Abt ein separater Garten zur Verfügung stand, haben diesen möglicherweise auch höher gestellten Gästen geöffnet. Diese Gärten stellten die Erweiterung der halb privaten äbtlichen Unterkünfte dar und befanden sich oftmals außerhalb des eigentlichen Klosterareals.

Die Existenz solcher Privilegien widerspricht den Regeln der Benediktiner, die privaten Besitz untersagen. Unter der Überschrift »Eigenbesitz des Mönches« ist zu lesen:

Vor allem dieses Laster muss mit der Wurzel aus dem Kloster ausgerottet werden. Keiner maße sich an, ohne Erlaubnis

des Abtes etwas zu geben oder anzunehmen. Keiner habe etwas als Eigentum, überhaupt nichts, kein Buch, keine Schreibtafel, keinen Griffel – gar nichts. Den Brüdern ist es ja nicht einmal erlaubt, nach eigener Entscheidung über ihren Leib und ihren Willen zu verfügen. Alles Notwendige dürfen sie aber vom Vater des Klosters erwarten … (33,1–5)

Wir können nur darüber spekulieren, ob einige Äbte möglicherweise ihre Macht missbrauchten – wohl wissend, dass sie die absolute Autorität über die Mönche besaßen und sich letztlich nur gegenüber Gott verantworten mussten.

Heutzutage gilt das Verbot des Privatbesitzes in dieser Strenge nur noch in wenigen Klöstern. Dennoch bildet der Gedanke, sich so weit wie möglich von materiellen Gütern zu befreien, um sich besser auf die spirituellen Themen konzentrieren zu können, immer noch einen der Grundpfeiler klösterlichen Lebens. Die Gäste des Klosters lassen gern Telefon, Fernsehen und alltägliche Verpflichtungen hinter sich, um in aller Stille auf der Gartenbank zu sitzen, den Duft der Rosen zu genießen und zumindest für einen kurzen Augenblick dieses Ideal zum Teil ihres Lebens zu machen.

LINKE SEITE:
Lantanen stehen in Töpfen am Teich im Garten des Gästehauses der Abbaye Saint-Pierre, Solesmes, Frankreich.

RECHTS:
Eine kleine Bank, die zu stillem Gebet einlädt, in der Abbaye de Notre-Dame, Le Bec Hellouin, Frankreich.

8

ORTE DES GEBETS

IN DER ABENDLICHEN DÄMMERUNG TRAF EIN BESUCHER DER ABBAYE SAINT-MARTIN IM FRANZÖSISCHEN LIGUGE IM GARTEN EINEN MÖNCH BEIM GEBET AN. IM LICHTSCHEIN, DER AUS DEM TREPPENHAUS DES NAHE GELEGENEN KLOSTERS DRANG, ZEICHNETE SICH DAS PROFIL DES MÖNCHES AB. DEN KOPF UNTER DER KAPUZE VERBORGEN, WAR ER TIEF IN SEIN GEBET VERSUNKEN. DIE NUR SCHEMENHAFT BELEUCHTETE GESTALT STRAHLTE ETWAS GEISTERHAFTES AUS UND BEI DEM GEDANKEN, IN DIESEN ZUTIEFST PRIVATEN AUGENBLICK EINGEDRUNGEN ZU SEIN, FÜHLTE DER BESUCHER BEKLOMMENHEIT IN SICH AUFSTEIGEN.

VORHERGEHENDE DOPPELSEITE:
Nach einem Spaziergang im französischen Garten kehren Mönche in der Abbaye Saint-Pierre, Solesmes, Frankreich, zur Komplet zurück.

RECHTE SEITE:
Ein Platz, an dem gebetet wird, mit Aussicht auf das Loiretal in der Abbaye de Fleury, Saint-Benoît-sur-Loire, Frankreich

DIE NUR SCHEMENHAFT BELEUCHTETE **GESTALT**

UND BEI DEM **GEDANKEN**, IN DIESEN ZUTIEFST

ZU SEIN, FÜHLTE DER **BESUCHER**

Die intensive Beziehung zu Gott erfordert Zeit und Muße für das persönliche Gebet. Vielleicht ist gerade dies für die Mitglieder einer klösterlichen Gemeinschaft, die praktisch jeden Augenblick des Tages für das Gebet leben und deren Leben ein beständiger Dialog mit Gott ist, besonders wichtig. Wie bereits erwähnt, kennt das Gebet in einem Kloster zahlreiche Formen. In Form der liturgischen Messen ist es öffentlich präsent. Es ist Bestandteil des täglichen Lebens der Ordensleute, doch es findet auch in der Abgeschiedenheit der Zellen, im Schutz des Gartens und bei der Arbeit auf dem Feld statt. Oft haben Ordensleute das Gefühl, nicht genug Zeit mit sich allein zu verbringen. Thomas Merton beispielsweise erstaunte und bestürzte es, wie wenig Freiraum ihm sein Zeitplan zwischen der Liturgie, seiner Tätigkeit als Novizenmeister und dem Schreiben für seine privaten Gespräche mit Gott ließ. Daher erbat er die Erlaubnis, abseits seiner Brüder in einer Einsiedelei auf dem Anwesen von Gethsemani zu leben. Auf diese Weise fand er schließlich die Zeit für sein persönliches Gebet.

Heute akzeptiert man in den meisten Klöstern das Bedürfnis der Nonnen und Mönche, sich zeitweilig von den täglichen Anforderungen der eng verwobenen klösterlichen Gemeinschaft zurückzuziehen. Im Garten von West Malling beispielsweise stehen zwei Häuschen, in denen die Nonnen auch einmal »Urlaub« von ihren alltäglichen Pflichten nehmen können. Andere Klöster stellen den Ordensleuten zu diesem Zweck Wohnwagen im Wald zur Verfügung oder errichten kleine Blockhütten, wie zum Beispiel in St-Georges des Gardes. Jedoch ständig

GANZ OBEN:
Eine halbkreisförmige Gebetsbank in Saint Mary's Abbey, West Malling, Kent, England

LINKS:
Dieser Gebetsplatz in der Abbaye Saint-Martin, Liguge, Frankreich, wurde aus alten Säulenkapitellen gebaut.

STRAHLTE ETWAS **GEISTERHAFTES** AUS
PRIVATEN **AUGENBLICK** EINGEDRUNGEN
BEKLOMMENHEIT IN SICH **AUFSTEIGEN**.

OBEN:
In der Abbaye de Fleury, Saint-Benoît-sur-Loire, Frankreich, haben die Mönche die Bänke zum gemeinsamen Gebet halbkreisförmig aufgestellt.

RECHTS:
Eine hölzerne Bank im Tymawr Convent, Gwent, Wales

als Einsiedler auf dem klösterlichen Areal zu leben ist eher der Ausnahmefall. Um diesen Sonderstatus zu erhalten, muss man dem Orden viele Jahre angehören (in manchen Fällen 25 Jahre) und die Erlaubnis des Abtes beziehungsweise der Äbtissin sowie die Zustimmung der klösterlichen Gemeinschaft bekommen.

Dem alltäglichen Bedürfnis nach dem persönlichen Gebet gehen viele Ordensleute im Klostergarten nach. Zahlreiche Mönche und Nonnen fühlen sich draußen, unter freiem Himmel, der göttlichen Schöpfung ein Stückchen näher, was natürlich auch das Gebet intensiver gestaltet. Dies trifft allerdings nicht auf alle zu: Eine Nonne, die mitten in New York aufwuchs, zieht sich zum Gebet gern in den innersten Winkel des Klosters zurück – hier fühlt sie sich am sichersten und geborgensten. Das Gebet findet im Garten sowohl an den geschützten Sitzplätzen als auch auf den Wegen und Pfaden statt. Diese Orte des Gebets sind die von der klösterlichen Gemeinschaft wohl am intensivsten genutzten Teile des Gartens. Selbst die Kranken bringt man hinaus, sodass auch sie die Natur genießen und in diesem Umfeld dem Gebet nachgehen können. Das Gebet ist der Punkt, in dem sich ein klösterlicher Garten von einem säkularen unterscheidet.

Der Brauch, beim Umherwandeln zu beten, ist schon sehr alt. Die Bewegung des Körpers wirkt beruhigend auf den Geist und unterstützt die Zentrierung auf den Dialog mit Gott. Die Ordensleute gehen dieser spirituellen Beschäftigung ausgiebig nach und gestalten ihre Gärten entsprechend. Die Wege, Alleen und Promenaden sind

unterschiedlich lang und unterscheiden sich auch in Stimmung und Atmosphäre.

Im Mittelalter fand der Gedanke, auf Reisen zu gehen, um mit Gott zu sprechen, seinen Niederschlag in Pilgerfahrten zu den heiligen Stätten und in den Kreuzzügen nach Jerusalem. Die Pilger, die sich nach Santiago de Compostela im Nordwesten Spaniens begaben, um dort die Begräbnisstätte des Apostels Jakobus zu besuchen, schufen ein Netzwerk aus Klöstern und Kirchen, das sich entlang der Pilgerwege über ganz Frankreich und Spanien erstreckt. Die Kreuzzügler, die es ins Gelobte Land zog, empfanden diese Reise oftmals als notwendigen Teil ihres spirituellen Wohlbefindens – auf diese Weise fühlten sie sich Gott näher.

Nachdem die Zeit der Kreuzzüge vorüber war, fügte man in den Boden des Hauptschiffs vieler gotischer Kathedralen – zum Beispiel in Chartres, in Amiens und Reims – steinerne Labyrinthe ein. Sie stellten eine symbolische Alternative zu den Kreuzzügen dar und ermöglichten den Christen auf einer »Reise en miniature« Gott näher zu kommen. Diese Labyrinthe bestehen aus drei Stadien: Das erste führt in die Mitte und steht für das Loslassen von den Bürden des alltäglichen Lebens. Im zweiten Stadium befindet sich der imaginäre Pilger im Zentrum, wo er in aller Stille beten und sich Gott öffnen kann. Das dritte Stadium symbolisiert die Rückkehr ins Leben, die sich in Einklang mit Gott vollzieht. Einzelne Labyrinthe weisen zusätzliche Symboliken auf. In Chartres beispielsweise symbolisiert die sechsblättrige Rose in der Mitte des Labyrinths die Königreiche der Schöpfung: die Welt der Mineralien, der Pflanzen, der Tiere, der Menschen, der himmlischen Wesen und des Unbekannten. Die Community of the Holy Spirit in Brewster, New York, konstatiert ein großes Interesse am »wandelnden« Gebet und dementsprechend an dem Labyrinth und dem Gebetsgarten, die an dem Platz errichtet wurden, wo

LINKE SEITE:
Rosen, Callas, Fingerhut und Sauerklee umrahmen einen Gebetsplatz in der Burnham Abbey, England. Die Nonnen dort beten rund um die Uhr in der Kapelle.

RECHTS:
Ein stiller Winkel in der Abbaye Sainte-Scholastique, Dourgne, Frankreich

sich vor nicht allzu langer Zeit ein Schwimmbecken befand.

In anderen Klöstern stehen den Ordensleuten Wege zur Verfügung. In dem formalen Garten von Solesmes bieten die wandelnden Mönche in ihren schwarzen Kutten einen fast königlichen Anblick. Der tiefer gelegene Garten besitzt eine zentrale Promenade, die von Eiben in Form von kugelig geschnittenen Hochstämmchen, Würfeln und Kegeln flankiert wird. Rechts und links zweigen baumgesäumte Alleen ab, die den Eindruck entstehen lassen, man befände sich inmitten des auf Säulen ruhenden Hauptschiffs einer gotischen Kathedrale. Lustwandelt man durch die seitlichen Alleen, stellt sich das Gefühl ein, man befände sich in einem klassischen Kreuzgang. Der Un-

OBEN:
Eine Allee bildet einen Wandelgang zum Gebet in der Abtei von En Calcat, Dourgne, Frankreich.

terschied besteht darin, dass dieser Garten die Wahl zwischen Sonne und Schatten, zwischen langen und kurzen Wegen bietet.

Dieses Thema kennt zahlreiche Variationen. Der Gebetsweg der Abtei von Bellefontaine führt an einem Feld und am Ufer eines Sees entlang, während sich die Wege des englischen Klosters Downside unter dem dichten Blätterdach alter Bäume dahinschlängeln, bevor sie sich im Wald verlieren. In West Malling säumen Staudenbeete die Wege und in Tymawr führen sie durch Wildblumenwiesen. Eine weitere Variante trifft man im Convent of the Incarnation im englischen Fairacres an: Das mitten in Oxford gelegene Kloster wird an drei Seiten von terrassenförmig angelegten Unterkünften

umgeben. Entsprechend haben die Nonnen auf dem Anwesen ein Wäldchen aus verschiedenen Baumarten angelegt, durch das ein Weg läuft. Das Gebet im Garten oder in der freien Natur kann zur Vertiefung der persönlichen Beziehung zu Gott führen. Wir wissen, dass auch Jesus Christus das Gebet unter freiem Himmel liebte. Im Lukasevangelium wird deutlich, dass Christus an den Wendepunkten seines Lebens unter freiem Himmel betete: bei seiner Taufe (3,21), am Tag, bevor er seine Apostel auswählte (6,12), bei seiner Verklärung (9,29), bevor er verraten wurde (22,36–46) und bei seiner Kreuzigung (23,46). Nur aufgrund seiner Angewohnheit, im Garten Gethsemane zu beten, konnte Judas die Hohepriester und Pharisäer, die ihn schließlich festnahmen, zu Jesus führen.

Die Bedeutung des Gebets von Jesus Christus gegenüber seinen Jüngern und letztlich gegenüber den heutigen Christen lag und liegt darin, ihnen und uns zu zeigen, wie man eine enge Beziehung zu Gott aufbaut und erhält. Jesus wusste, dass der Schlüssel seiner Beziehung zu seinem Vater im Gebet lag, und dies wird in seinem eigenen Gebet, dem Gebet des Herrn, ganz deutlich (Lukas, 11,2–4). Die Essenz seiner Lehre bestand darin, seinen Jüngern – und durch sie all den Gläubigen der folgenden Jahrhunderte – diese scheinbar kleine und doch so enorm wichtige Tatsache zu vermitteln. Da das Gebet in all seinen verschiedenen Formen in Verbindung mit dem liturgischen Zyklus und den vier Jahreszeiten das Herzstück des klösterlichen Lebens darstellt, muss die klösterliche Gemeinschaft folglich die Umgebung schaffen, die den Gläubigen Abstand von den tagtäglichen Pflichten ermöglicht, denn erst dieser Ruhe kann ein persönliches Gebet entspringen. In den vielen Gärten, die wir besucht haben, waren Gott und die Lehren seines Sohnes überaus lebendig – jene Lehren, die seit der Gründung des ersten Klosters vor beinahe 2000 Jahren bis zum heutigen Tag den Mittelpunkt klösterlichen Lebens bilden.

LINKE SEITE:
Die zentrale Achse des barocken Gartens in der Abbaye Saint-Pierre, Solesmes, Frankreich

RECHTS:
Warmes Sonnenlicht durchflutet den Garten der Abbaye Sainte-Scholastique, Dourgne, Frankreich.

LISTE DER FÜR DIESES BUCH BESUCHTEN UND FOTOGRAFIERTEN KLÖSTER

ENGLAND UND WALES:

Burford Priory, Oxon
Burnham Abbey, Berkshire
Convent of the Incarnation, Fairacres, Oxfordshire
Downside Abbey, Stratton-on-the-Fosse, Somerset
Saint Mary's Abbey, West Malling, Kent
Stanbrook Abbey, Worcester
Tymawr Convent, Gwent

FRANKREICH:

Abbaye Bellefontaine, Begrolles-en-Mauges
Abbaye d'En-Calcat, Dourgne
Abbaye de Fleury, Saint-Benoît-sur-Loire
Abbaye de Mont-Saint-Michel, Mont-Saint-Michel
Abbaye de Notre-Dame, Le Bec Hellouin
Abbaye de Notre-Dame des Gardes, St-Georges des Gardes
Abbaye Saint-Martin, Liguge
Abbaye Sainte-Cécile, Solesmes
Abbaye Saint-Pierre, Solesmes
Abbaye de la Sainte-Croix, Poitiers
Abbaye Sainte-Scholastique, Dourgne

VEREINIGTE STAATEN VON AMERIKA:

The Abbey of Gethsemani, Kentucky
The Abbey of Regina Laudis, Connecticut
Holy Cross Abbey, Virginia
Holy Cross Monastery, New York
Little Portion Friary, New York
Mepkin Abbey, South Carolina
Monastery of Our Lady of the Resurrection, New York
Monastery of Our Lady of the Rock, Washington
Mount Calvary Monastery, Kalifornien
St. Joseph's Abbey, Massachusetts

LINKE SEITE:
Mehrere Wege führen durch den Wildblumengarten zu einer Gebetsbank im Tymawr Convent, Gwent, Wales.

BIBLIOGRAFIE

Ammann, Ruth: Der Zauber des Gartens und was er unserer Seele schenkt; München 1999.

Aries, Philippe: Geschichte des Todes; München 1999.

Ferrari, Jean und Stephan Grätzel: Spiritualität im Europa des Mittelalters, L´ Europe spirituelle au Moyen Age: 900 Jahre Hildegard von Bingen; St. Augustin 1998.

Gregoire Reginald, Leo Moulin und Raymond Oursel: Die Kultur der Klöster; Stuttgart 1995.

Haase-Hauptmann, Elke: Die Heilkräuter der Hildegard von Bingen, Ausgewählte Kräuter für die Hausapotheke und Küche, Anbau, Pflege und Verwendung; München 1997.

Hogg, James L.: Die geheimnisvolle Welt der Klöster; München 1998.

McIntyre, Anne: Das große Buch der heilenden Pflanzen, Aromatherapie, Blütenessenzen, Homöopathie, Kräuterheilkunde; München 1998.

Merton, Thomas: Keiner ist eine Insel, Betrachtungen über die Liebe, herausgegeben von Manfred Baumotte; Düsseldorf 1997.

Merton, Thomas: Meditationen eines Einsiedlers, Über den Sinn von Meditation und Einsamkeit; Düsseldorf 1995.

Richner, Werner: Im Garten Gottes, Schönheit und Geheimnis alter Klostergärten; Freiburg 1997.

Schipperges, Heinrich: Die Welt der Hildegard von Bingen; Freiburg 1997.

Steinbach, Gunter: Beeren, Wildgemüse, Heilkräuter; München 1996.

Stoffler, Hans-Dieter: Der Hortulus des Walahfried Strabo, Aus dem Kräutergarten des Klosters Reichenau; Stuttgart 1997.

Walter, Silja: Der Ruf aus dem Garten; Fribourg 1995.

ENGLISCHSPRACHIGE TITEL

Adels, Jill Haak: The Wisdom of the Saints; New York 1987.

Aries, Philippe: Western Attitudes Towards Death: From the Middle Ages to the Present; Baltimore 1974.

Braunfels, Wolfgang: Monasteries of Western Europe: The Architecture of the Orders; London 1972.

Cary-Elwes, Columba, O.S.B.: Monastic Renewal; New York 1967.

Cogliati Arano, Luisa: The Medieval Health Handbook: Tacuinum Sanitatis; New York 1976.

Coppack, Glyn: English Heritage Book of Abbeys and Priories; London 1990.
Edwards, Tudor: Worlds Apart: A Journey to the Great Living Monastaries [sic] of Europe; New York 1958.
Ferguson, George: Signs & Symbols in Christian Art; New York 1954.
Hamilton, Geoff: The Organic Garden Book; London 1987.
Harvey, John: Mediaeval Gardens; London 1981.
Kline, Francis, O.C.S.O.: Lovers of the Place: Monasticism Loose in the Church; Minnesota 1997.
Landsberg, Sylvia: The Medieval Garden; New York 1996.
McIntyre, Anne: The Medicinal Garden: How to Grow and Use Your Own Medicinal Herbs; New York 1997.
McNamara, Jo Ann Kay: Sisters in Arms: Catholic Nuns Through Two Millennia; Cambridge 1996.
Merton, Thomas: No Man is an Island; New York 1955.
Oakley, Anne M. Malling Abbey: A History to Celebrate, Nine Hundred Years, 1090–1990; Malling Abbey, 1990.
Parry O.S.B., Abbot, and Esther de Waal: The Rule of Saint Benedict; Leominster 1990.
Payne, Raef and Blunt, Wilfrid: Hortulus by Walahfrid Strabo; Pittsburgh 1966.
Peplow, Elizabeth and Reginald: In a Monastery Garden; Newton Abbot 1988.
Sanecki, Kay N.: History of the English Herb Garden; London 1992.
Seward, Desmond: Monks and Wine; London 1979.
Sitwell, Sacheverell: Monks, Nuns, and Monasteries; New York 1965.
Taylor, Norman: Taylor's Guide to Vegetables and Herbs; New York 1987.
Ward, Benedicta, S.L.G.: The Lives of the Desert Fathers; Russell Norman trans. Michigan and Oxford 1981.
Watson, Benjamin: Taylor's Guide to Heirloom Vegetables; New York 1996.
Weiser, Francis X.: Handbook of Christian Feasts and Customs; New York 1958.
Wynne, Peter: Apples; New York 1975.

REGISTER

QUELLEN DER ZITATE

Bibelzitate: Gute Nachricht Bibel, revidierte Fassung, © 1997 Deutsche Bibelgesellschaft, Stuttgart.

Regelwerk der Benediktiner: Die Regel des heiligen Benedikt, Herausgegeben im Auftrag der Salzburger Äbtekonferenz, Beuroner Kunstverlag, Beuron 1990.

Als Gott, der Herr, Erde und Himmel machte, gabe es zunächst noch kein Gras und keinen Busch in der Steppe; denn Gott hatte es noch nicht regnen lassen. Es war auch noch niemand da, der das Land bearbeiten konnte. Nur aus der Erde stieg Wasser auf und tränkte den Boden. (Genesis 2, 4–6)